Thomas Ebersberg
Christentum *adieu!*

Zu diesem Buch

Der Autor, ehemals Mitglied des Jesuitenordens, setzt sich kritisch mit dem Christentum als einem der letzten transzendentalen Mythen, mit dessen Glaubensinhalten, Wirkungsgeschichte und Auflösungserscheinungen auseinander. Er stellt die jüdisch-christlichen Mythen des Alten und Neuen Testaments auf den Prüfstand. Wie sind diese »Erzählungen« aus heutiger Sicht zu bewerten? Sind sie in sich stimmig und warum verlieren sie zusehends an Überzeugungskraft?

Geschrieben in der Haltung eines »offenen, entspannten Agnostikers« verzichtet er auf apodiktische Aussagen über Existenz oder Nichtexistenz einer transzendentalen Macht oder »anderen Welt«. In der Auseinandersetzung mit den Mythen besteht er jedoch auf dem *»Wage, zu denken!«* der Aufklärung.

Thomas Ebersberg, Jahrgang 1945, trat nach dem Abitur in den Jesuitenorden ein. Nach drei Jahren verließ er den Orden und studierte Pharmazie und Psychologie. 1987 veröffentlichte er die ironisch-polemische Zeitkritik »Zarte Stachel – Süße Ohrfeigen, *Ein Kulturstrip ohne Scham und Traurigkeit«,* und 1990 »Abschied vom Absoluten, *Wider die Einfalt des Denkens«,* ein Plädoyer für ein realitätsgerechtes polares Weltbild, das auf Heilsutopien verzichtet.

Thomas Ebersberg

Christentum
adieu!

Das leise Sterben eines Mythos

Bibliographische Information der Deutschen Nationalbibliothek
Die Deutsche Nationalbibliothek verzeichnet diese Publikation in
der Deutschen Nationalbibliographie. Detaillierte bibliographische
Daten sind im Internet über http://dnb.d-nb.de abrufbar.

Websites des Autors:
www.abschied-vom-absoluten.de
www.thomas-ebersberg.de

ISBN 978-3-7357-5697-8
Printed in Germany
© 2014 by Thomas Ebersberg

Umschlaggestaltung: Thomas Ebersberg
Herstellung und Verlag: BoD - Books on Demand,
Norderstedt

*Für die Fragenden und Zweifelnden,
die sich auf das »Wage zu denken!«
einlassen.*

Inhalt

Vorwort   9

1. »Mythos« – Faszination und Wirklichkeit
Ursprung, Funktion, Geschichte   12

2. Die Mythen des Alten Testaments
Die jüdisch-christlichen Ur-Mythen   19
Schöpfungsmythos – Ebenbild und Sinnfrage   21
Schöpfer und Schöpfung – Die »gute« Natur   24
Erbsündemythos – Der »sündige« Mensch   31
Gott und sein »auserwähltes Volk«   36

3. Der Heilsmythos des Neuen Testaments
Der Gottessohn – Spätes Erbarmen   39
Messias und Moralist   41
Opfertod und »Frohe Botschaft«   45
Paradies und ewiges Leben   49
AT und NT –
Gottesbild, Menschenbild, Geschichtsbild   54

4. Christentum und Geschichte
Institutionalisierung und Bündnisse   59
Das Verschwinden der Transzendenz   62
Eine Bilanz   66
Gläubige – Von »naiv« bis »aufgeklärt«   70
Ungläubige – Atheisten und Agnostiker   76
Kritik des »christlichen Abendlands«   81

5. Perspektiven – Mythen und Evolution

Kampf der Mythen 86
Plädoyer für die Mythen 89
Das Problem der Mythen 93
Neudefinition der Mythen 98
Strategien und Ziele 102
Ausblick 108

Vorwort

Es lässt sich nicht leugnen: die mythisch transzendentalen Weltbilder sind in der Krise. Den christlichen Kirchen laufen zumindest in unseren Breiten die Mitglieder davon. Mit Blick auf die Gesamtheit der Kulturen lassen sich zwei gegensätzliche Tendenzen ausmachen: einerseits die Auflösung der Religion, andererseits ein Aufbäumen dagegen und die trotzige Hoffnung auf die »Wiederkehr der Religion«. Bedenklich: das aggressiv kämpferische Auftreten diverser Bewegungen mit Berufung auf die Wahrheit und den Führungsanspruch ihres Glaubensbekenntnisses.

Unter der Fahne der Religion versammeln sich Konservative und Fortschrittliche, Gutmenschen und Terroristen. Die brisante Situation wird teils mit Angst, teils mit erschreckender Gleichgültigkeit betrachtet. Das Arsenal in den Auseinandersetzungen reicht denn auch von toleranter Duldung, manchmal sogar Anbiederung an die Konkurrenzreligion, bis hin zu erbarmungslosen Gewaltexzessen. Die einen verteidigen halbherzig ihre säkularen Verfassungen und berufen sich paradoxerweise auf ihre »christlichen Wurzeln«, die anderen rufen nach dem »Gottesstaat«, begründet auf den Offenbarungen und heiligen Schriften ihrer Propheten. Die Frontlinie verläuft nicht mehr nur zwischen den Religionen. Innerhalb einer Kultur geraten zunehmend die »religiös Konservativen« und die »liberal Säkularen« in Konflikt. Die einen kämpfen für den Sieg ihres Glaubens, die anderen setzen auf Dialog und friedliche Koexistenz.

Keine Kultur tat sich leicht damit, ihr überkommenes mythisches Weltbild abzulegen und sich von ihren Göttern zu verabschieden. Ägypter, Griechen, Römer – ihre Götterwelt musste, wie die magischen Welten zuvor, erst entzaubert werden, um einem neuen, faszinierenderen Mythos, dem Monotheismus, Platz zu machen.

Doch jetzt steht auch das Christentum wie die anderen monotheistischen Religionen unter einem zunehmenden Säkularisierungs- und Relativierungsdruck. Es gerät immer mehr in den Rang einer musealen, folkloristischen Tradition. Die Frage stellt sich: Warum verliert es an Glanz und Überzeugungskraft? Hat es etwa ausgedient? Werden wir Zeugen des leisen Sterbens eines Mythos?

»Zweitausend Jahre Christentum sind genug. Durch Unsere Einsicht ernüchtert und erleichtert zugleich, entlassen Wir, der Heilige Stuhl, Euch in eine Welt ohne göttliches Heilsversprechen. Wir bedauern zutiefst, Euch jenen transzendentalen Trost nicht mehr gewähren zu können, den Wir...« So oder ähnlich hätte die Enzyklika eines mutigen und intellektuell redlichen Papstes zur Jahrtausendwende beginnen können. Die Welt wäre überrascht, aber nicht schockiert gewesen. Denn das christliche Weltbild befindet sich längst in einem Überblendvorgang zu seinem säkularen Nachfolgemythos. Und auch dieser scheint seine Blütezeit bereits überschritten zu haben. Bleibt die spannende Frage: Was kommt danach? Braucht der Mensch womöglich immer neue Mythen?

Die Überlegungen dieses Buches werden sich nur am Rande mit den monotheistischen Religionen *Judentum* und *Islam* befassen. Deren kritische Beurteilung sei Leuten überlassen, die aus dem entsprechenden Kulturkreis stammen und mit dessen Inhalten vertraut sind. Ohne Kenntnisse von innen lässt sich eine Religion nur schwer beurteilen. Über die mir vertraute christliche, speziell römisch-katholische Religion erlaube ich mir ein persönliches Urteil.

Ich werde jedoch versuchen, das Christentum als Vertreter des Monotheismus im Rahmen der mythischen Weltbilder gleichsam als die vielleicht letzte Aufgipfelung transzendentaler Weltanschauung kritisch zu hinterfragen, ohne die Überheblichkeit manches Zeitgenossen und dessen naiven Glauben an moderne, säkulare Heilsmythen. Arroganz ist nicht angebracht. Haben doch seit Menschengedenken alle Mythen die gleiche Wurzel, die gleiche Funktion und – das sei zu ihrer Verteidigung gesagt – die gleiche historische Berechtigung. Das Problem ist nicht der Mythos, sondern das Festhalten an ihm, wenn seine Zeit abgelaufen ist.

1. Die Mythen –
Faszination und Wirklichkeit

Ursprung, Funktion, Geschichte

»Mythos«, der Begriff ist durch seinen inflationären Gebrauch ziemlich vage. Beinahe alles scheint sich zum Mythos zu eignen: das Orakel von Delphi und Kleopatra; der Heilige Gral und Alexander der Große; Coca Cola und Marilyn Monroe... Alles, was über das Gewöhnliche hinausragt und an das Wunderbare heranreicht, kann zum Mythos erhoben werden. Unsere Überlegungen sollen sich auf die großen, systembildenden, institutionalisierten Mythen, die Religionen, konzentrieren. Ihr Ursprung reicht in die Frühgeschichte der Menschheit. Der Anfang von Kultur und Geschichte wird ja gemeinhin mit den ersten Begräbniskulten und den damit verbundenen Jenseitsvorstellungen gleichgesetzt.

In den frühen Tagen der Menschheit[1] war die Faszination des Unerklärlichen, Ominösen, Unheimlichen, Unerreichbaren, des Bewundernswerten und Angsteinflößenden die Quelle der Mythen. Phantasiebegabte Menschen – Dichter, Propheten, Verzückte – erzählten Geschichten von Dämonen, Geistern, Helden und Göttern. Es entstand ein Blütenstrauß von

Sagen und Legenden, oft mit einem historischen Bezugspunkt, immer aber angesiedelt in der Grauzone, oder besser gesagt: in der überaus bunt schillernden Leuchtzone, zwischen Möglichem und Unmöglichem. Es sind Geschichten, die »nicht von dieser Welt« zu sein scheinen und sich doch mit den existenziellen Fragen des Menschen auseinandersetzen.

Manche der Mythenerzähler beriefen sich gar auf göttliche Offenbarungen, auf eine Quelle aus einer jenseitigen Welt. Diese »transzendentalen« Mythen – entstanden im Halbdunkel zwischen erfahrener und phantasierter Wirklichkeit, genährt aus Ängsten und Wünschen – entwickelten sich im Lauf der Geschichte zu Kulten und Religionen mit dem umfassenden Anspruch auf Welterklärung, Sinndeutung und richtige Lebensgestaltung, meist gepaart mit einem Heilsversprechen.

Zunächst noch an ihren jeweiligen Kulturkreis gebunden könnte man sie als »endemische Gewächse« bezeichnen, die sich mit der Zeit zu verbreiten suchten und sich den neuen Welten mehr oder minder anpassten, um dann schließlich doch auszusterben.

Eine »Hochreligion« wie das Christentum wird sich vehement dagegen wehren, in eine Reihe mit jenen bis in die Frühgeschichte reichenden Mythen und dem »Aberglauben heidnischer Kulte« gestellt zu werden. Auf seinen vermeintlich finalen Wahrheitsanspruch fixiert, vergisst das Christentum, dass Ursprung, Sinn und Funktion der großen Mythen immer die gleichen waren, auch wenn die Antworten gegensätzlich ausfielen.

Was ist der emotionale, was der geistige, »spirituelle« Ursprung der Mythen? Was bieten die Mythen ihren Gläubigen? Was macht ihren Erfolg aus? Was passiert mit ihnen im Lauf der Geschichte? Und warum sind sie dem klassischen Muster von *Aufstieg und Fall* unterworfen?

Emotional dürfte das Hauptmotiv der Mythen die Angst sein, die existenzielle Verunsicherung, die den Menschen, ausgeliefert den Bedrohungen und dem Tod, nach Lösungen suchen lässt. Geradezu überbordend waren zu Beginn der »Menschwerdung«, in den Kindertagen der Menschheit die Ängste, der Schauder und die Ergriffenheit vor spektakulären Naturphänomenen. Wer war da am Werk? Konnte man sich mit den unberechenbaren Mächten irgendwie arrangieren? Wie ließen sie sich dazu bewegen, den Menschen nicht nur vor den Gefahren zu retten, sondern auch seinen Wunsch nach einem besseren, glücklichen Leben zu erfüllen?

Der Mythos erklärt das Weltgeschehen zunächst als Spiel übersinnlicher Kräfte. Dämonen, Geister und Götter bestimmen das Geschick. In dem Glauben, dass die verstorbenen Ahnen in ein jenseitiges Reich gelangen, werden sie in der Frühphase als erste Helfer verehrt und angerufen. In der Wahrnehmung des Kindes sind ja die Eltern die oberste Schutzmacht. Mit zunehmendem Selbstbewusstsein treten heldenhafte Menschen, Schamanen, Prediger und Propheten auf den Plan.

Zum Mythos gehören Personen mit Charisma, sprich: Ausstrahlung und Verführungskraft. Unnahbarkeit und Tragik, wie z.B. ein frühzeitiger Tod, tragen zu ihrem Geheimnis bei. Sie sind die Vermittler zwischen Menschen und Göttern, werden als Heilsbringer verehrt. Man hofft auf ihre Hilfe. Ihre Bot-

14

schaft verspricht »Erlösung«, wenn nicht in dieser, so dann doch in einer »anderen« Welt. Und so wird Geschichte schließlich als *Heilsgeschichte* interpretiert. »Wenn du an mich glaubst, meinen Anweisungen folgst, wird am Ende alles gut«, so einfach gestrickt ist die Zukunftsprojektion der klassisch mythischen Weltanschauung.

Fast alle großen Mythen erklären in einem eigenen *Schöpfungsmythos* den Ursprung der Welt, meist zugunsten ihres Kulturkreises. Ihr Volk ist das von einem Gott oder einer Göttin bevorzugte Volk. Und dieses Volk ist berufen zu Macht, Größe und Sieg.

Zudem schafft der Mythos *Identität*. Die Anrufung der gleichen transzendentalen Mächte, gemeinsam wiederholte Rituale, beschwörende heilige Handlungen, tägliche Demuts- und Unterwerfungsgebärden, die wahrhaft magische Macht der Gewohnheit schweißt die jeweilige Gesellschaft zu einer Glaubens- und Schicksalsgemeinschaft zusammen.

Das alles wird geregelt von einer *Hierarchie*, einer Priesterschaft, die den Mythos verwaltet, interpretiert und die entsprechenden Vorschriften und nicht zu hinterfragenden Tabus erlässt. Sie hat die Deutungshoheit und ist der Hüter der Moral.

Zugleich ist sie der Nutznießer des Mythos. Durch ihre Nähe zu den göttlichen Mächten und dank ihrer spirituellen Führerschaft beansprucht sie die Privilegien, die jeder Elite, ob geistlich oder weltlich, zustehen. Die Gläubigen dürfen, *müssen* auf jenseitige Hilfe, auf Trost und Erlösung in einer fernen Zukunft hoffen – die Elite »erlöst« sich gewöhnlich im Hier und Jetzt dank einer privilegierten Lebensgestaltung jenseits des gewöhnlichen Überlebenskampfes.

Wirklich erfolgreich wird der Mythos jedoch erst, wenn er sich mit den politisch Mächtigen, den Anführern des jeweiligen Volkes verbündet, ihnen womöglich ebenfalls göttlichen Ursprung oder Vertretung des Göttlichen zugesteht. Die Mächtigen »von Gottes Gnaden« und die Hierarchien sind, was das Diesseits betrifft, immer die Gewinner des Mythos.[2]

Man könnte sagen, der Mythos wird von den Eliten *instrumentalisiert*, nach innen zur Zementierung des »Unten« und »Oben«, nach außen zum Entwurf von Feindbildern gegenüber Völkern oder Kulturen, wo vermeintlich falsche oder unterlegene Mythen am Werk sind.

Unter der Fahne eines Mythos mit Wahrheitsanspruch lassen sich Kriege jeglicher Art führen. Sie bekommen gewissermaßen einen Heiligenschein. Im Schatten der Eroberungskriege fand denn auch oft genug die Vernichtung oder Missionierung der Besiegten statt.

Der Mythos stellt das geistliche Fundament, die spirituelle Grundierung für den Machthunger der weltlichen Eliten dar. »Heilige Kriege« – Kreuzzüge und Religionskriege – dokumentieren am deutlichsten die Allianz von Macht und Mythos. Dass Heilige Kriege auch unter der Fahne der säkularen Mythen, z.B. für Demokratie und Menschenrechte, oder in sublimerer Form, für den »freien Markt« und die Macht der Finanzmärkte geführt werden, sollte nicht verwundern.

In der Blütezeit des Mythos stellt er die *Kunst* in seinen Dienst. Er gibt die Themen vor, ob in Erzählungen oder Bildern. Die Gläubigen dürfen ihre Phantasie im Dunstkreis der mythischen Legenden ausleben. Rigorose Mythen, die der Verführungskraft weltlicher Lüste misstrauen, verbieten das Ausschweifen in die Welt der Kunst, der Bilder und Musik, in die Welt der Sinnlichkeit. Die Faszination des Jenseits darf keine Konkurrenz durch die Lust auf das Diesseits bekommen.

Die regelmäßig praktizierten *kultischen Rituale* rufen jene vorrangige »andere« Welt in Erinnerung. Ästhetisch sind sie den Herrschaftsritualen der jeweiligen Kultur angepasst, Auch die Bauwerke, die Kathedralen des Mythos, entsprechen in ihrer Prunkentfaltung den weltlichen Repräsentationsbauten. Ihre Monumentalität ruft *Ehrfurcht* hervor, eine der wichtigsten Ingredienzien des Mythos.

Seine stärkste Überzeugungskraft für die Masse der Erlösungsbedürftigen schöpft der Mythos jedoch aus dem *Heilsversprechen*, gepaart mit der Drohung des Todes und ewiger Verdammnis an die Zweifler und Ungläubigen. In den Erzählungen geht es um Trost und Hoffnung, nicht um die Erkenntnis von Wirklichkeit oder Wahrheit.

Je unbescheidener, grandioser das Heilsversprechen, desto attraktiver ist es gerade für jene, die auf dieser Welt nicht viel zu erwarten haben. Insofern trägt der Mythos zur Befriedung des kleinen Mannes bei, nicht ungern gesehen von den Mächtigen.[3]

Das Bündnis mit der jeweiligen Machtelite befördert zwar den Aufstieg, es programmiert aber auch den Fall. Äußerlich gesehen gehen Mythen gewöhnlich mit dem Niedergang ihres Machtbereichs unter oder bilden Hybride mit dem jeweils neuen, mächtigeren Mythos. Innerlich verblassen sie im Lauf der Entwicklung einer Kultur, sofern diese nicht rigoros

konservativ geprägt ist, kraft veränderter Weltwahr-
nehmung und Selbstbewusstseins.

In Momenten der Ernüchterung, neu gewonnener
Erkenntnis und Emanzipation der Gläubigen verlieren
die Antworten des Mythos ihre Faszination, ihre
Glaubwürdigkeit. Neue, verlockendere Heilsverspre-
chen tauchen am Horizont auf. Der Staffettenlauf der
Mythen geht weiter.

2. Die Mythen des Alten Testaments

Die jüdisch-christlichen Ur-Mythen

Es macht kaum Sinn, über die Existenz oder Nicht-existenz eines Gottes und einer »anderen«, jenseitigen Welt zu streiten. Wie der Gläubige seinen Glauben begründet, ob mit Berufung auf die göttliche Offenbarung an die Altvorderen oder auf seine individuellen, vermeintlich religiösen Bedürfnisse und Erfahrungen, sei ihm überlassen. Interessanter dürfte die Frage sein, warum immer mehr Mitglieder ihren Kirchen die Gefolgschaft verweigern, und wo Kritik und Zweifel der Gläubigen ansetzen. Ist es wirklich nur die Institution *Kirche*, die den Gläubigen zu schaffen macht?

Man kann über die Institution Kirche streiten und sich über deren Mangel an Modernität, über Zölibat, rigide Sexualmoral, fehlende Gleichstellung der Frau und verkrustete Strukturen erregen. Man kann entsetzt und enttäuscht sein über deren sittliche Verfehlungen, über die Exzesse der mittelalterlichen Päpste und Kirchenfürsten und gegenwärtig über die pädophilen Vergehen der Priester an ihren Zöglingen. Manch einer begründet damit den Austritt aus der katholischen Kirche. Doch auch die »moderneren« protestantischen

Kirchen, weniger von Skandalen belastet, haben mit der Austrittswelle ermüdeter, lustloser Gläubiger zu kämpfen.

Die Vermutung liegt nahe, dass die Gründe tiefer liegen. Nicht nur die zunehmend kritische und selbstbewusste Haltung der Gläubigen lässt sie den Schoß der Kirche verlassen. Dahinter könnte sich auch ein elementarer *Glaubensschwund*, von ihnen selbst womöglich nicht bemerkt, verbergen.

Es sollte sich lohnen, einen Blick auf die Grundlagen, die »Essentials« der christlichen Religion zu werfen und ihre Überzeugungskraft in unserer Zeit zu prüfen. Vermitteln sie wirklich noch den viel zitierten »Sinn«, die »Orientierung« und die »Werte«? Tragen sie zur Lösung der existenziellen Probleme des Menschen bei?

Im Fokus der Überlegungen stehen die Mythen des Alten und Neuen Testaments: *Schöpfungsmythos*, *Erbsündemythos*, *Offenbarungsmythos* und *Jesusmythos*. Auf ihnen gründen letztendlich das *christliche Gottesbild*, *Menschenbild* und *Geschichtsbild*.

Die Fragen müssen erlaubt sein: Sind diese Bilder in sich stimmig? Sprechen sie den Modernen noch an, nimmt er sie überhaupt noch wahr? Oder sind sie ihm irgendwie unattraktiv und fremd geworden? Halten sie aus heutiger Sicht einem kritischen Hinterfragen stand? Der »Gott der Liebe«, die »gute Natur«, der »sündige Mensch«, der »Bund Gottes mit seinem auserwählten Volk«, die »Erlösung des Menschen« durch den Opfertod des Jesus von Nazareth, das »Jenseitsparadies« und das »ewige Leben« stehen auf dem Prüfstand.

Schöpfungsmythos – Ebenbild und Sinnfrage

In ihrer Bildsprache reichen die Erzählungen des Mythos erstaunlich nahe an die Wirklichkeit heran. Das Buch *Genesis*, der Schöpfungsmythos des Alten Testaments, erzählt ohne jede naturwissenschaftliche Kenntnis die Abfolge der Evolution verblüffend richtig. Der Mensch wird am Ende der Schöpfung »nach Gottes Abbild als Mann und Frau« geschaffen, wobei die Frau im »zweiten Schöpfungsbericht« erst nachträglich und nicht gerade schmeichelhaft als »Männin« eingeführt wird.

Worin konkret die *Ebenbildlichkeit* des Menschen zu seinem Schöpfergott besteht, bleibt vage, ungeklärt. Von der Zweigeschlechtlichkeit, die dem Schöpfer, obwohl er in der »Wir«-Form spricht, traditionsgemäß nicht zugeschrieben wird, einmal abgesehen, – ein »reiner Geist« kann kein Abbild seiner selbst erschaffen. Zur Bildlichkeit gehören Stoff, Form, Farbe. Diese materiellen, sinnlich erfahrbaren Qualitäten fehlen definitionsgemäß dem »reinen Geist«.

Bliebe noch die *geistige Ebenbildlichkeit* im Sinne eines personalen Bewusstseins. Doch wovon sollte dieses geprägt, getragen und angetrieben sein? Von der Suche nach Glück und Zufriedenheit, von der Neugier und dem Willen zur Erkenntnis?

All dies benötigt der »Allmächtige« und »Allwissende« nicht, und gerade das verbietet der Schöpfer paradoxerweise seinem Ebenbild. Er gibt ihm zwar den Auftrag, sich die Erde untertan zu machen. Zugleich belegt er ihn jedoch mit dem Verbot, vom »Baum der Erkenntnis von Gut und Böse« zu essen.

Auch von dem »Baum des Lebens«, der ihnen Unsterblichkeit verleihen würde, durften die ersten Menschen nicht essen. Ein wirklich ebenbürtiges Abbild wollte der Schöpfer also nicht.

Was hatte er mit dem Menschen vor? Was bedeutete der Mensch für ihn? Und was sollte er für den Menschen bedeuten? Die Frage drängt sich auf: Was für eine Art von Beziehung kann zwischen so unterschiedlichen Partnern entstehen? Ist eine Beziehung auf so ungleicher Augenhöhe überhaupt möglich? Sollte dies eine Beziehung werden wie die zwischen »Herr und Hund«?

Der Schöpfungsmythos beschreibt die Entstehung der Welt als den Schöpfungsakt eines Gottes. Eine Frage aber, man könnte sie die »Frage aller Fragen« nennen – die berühmte *Sinnfrage* – bleibt der Mythos schuldig: *Warum erschuf Gott die Welt?* Eine Frage, die merkwürdigerweise im Zusammenhang mit der allseits beschworenen Sinnfrage kaum gestellt, geschweige denn beantwortet wird. Was hatte der Allmächtige im Sinn, als er sich ans Werk machte. Was trieb ihn an? Und, hatte er das »nötig«?

Der »Absolute« bedarf, gerade das definiert ihn ja, keiner Begründung und keiner Ergänzung. Warum ließ der in sich ruhende Absolute, der sich doch selbst genug ist, auf eine Schöpfung ein, dessen »Krönung«, der Mensch, sich nicht nach seinen Vorstellungen verhalten würde? War es Einsamkeit, Langeweile? Ist es auch für einen Gott »nicht gut, dass er alleine« sei?

War es der Ausbruch aus der geschichtslosen, öden Ewigkeit in die Verstrickungen von Geschichte? Führte ihn dieses Experiment nicht in eine letztlich frustrierende Beziehungsgeschichte mit dem Menschen, einem Geschöpf, das ihm gegenüber doch weit »unter Niveau« ist? Und was bedeutet ihm dieses zugleich schöne und schreckliche Weltenspektakel? Musste er sich oder einem Gegenüber etwas beweisen?

Oder wollte er sich in seinem Werk zum Ausdruck bringen? Kreatives Spiel mit Möglichkeiten, Unterhaltung grenzenlos? Ob als Zuschauer oder Regisseur, bringt es ihn, den Absoluten, von allem Losgelösten, nicht in eine fatale, emotionale Abhängigkeit? Reißt es ihn nicht aus dem Idealzustand vollkommener, absoluter Existenz heraus?

Für den Schöpfergott wird die Sinnfrage nicht beantwortet. Für den Menschen lautet die Antwort des biblischen Mythos entschieden pragmatisch, diesseitig: »Macht euch die Erde untertan…« Von einer »zweiten Schöpfung«, einer Umwandlung des Menschen nach dem Tod, von einer postmortalen Rückkehr in ein Jenseitsparadies inklusive »ewiger Vereinigung« mit seinem Schöpfer ist keine Rede.

Die katholische Antwort auf die Frage: »Wozu bin ich auf Erden?«, die da lautet: »Um Gott zu lieben, ihm zu dienen und dadurch die ewige Glückseligkeit zu erlangen«, lässt sich aus dem Buch *Genesis* gewiss nicht ableiten.

Das Leben als Probelauf für die Ewigkeit, eine das Diesseits relativierende Sinngebung mit einem auf den Tod angstfixierten Blick – das war nicht die ursprüngliche Idee der Schöpfung. Die transzendentale Sinndeutung der menschlichen Existenz als eines Vorspiels zum Eigentlichen verdanken wir dem Neuen Testament. Es stellt bekanntlich in vieler Hinsicht die Korrektur des Alten Testaments dar. Man fragt sich: Warum die Sinneswandlung innerhalb der Offenbarung? Hat es sich der abrahamitisch-jüdische Gott zwischen den beiden »Testamenten« anders überlegt? Musste er seine ursprünglichen Pläne ändern, weil ihm sein Werk letztlich misslang? Das wäre kein Kompliment für den Schöpfer. Eine Schöpfung, die der »Erlösung« bedarf, lässt sich schwerlich als Meisterwerk eines gütigen und allmächtigen Gottes deuten.

Schöpfer und Schöpfung – Die »gute« Natur

Neben der unbeantworteten Sinnfrage seien weitere, nicht minder bedeutsame Fragen gestellt: Was ist das für eine Schöpfung, welche Prinzipien herrschen in ihr? Und welche Rückschlüsse lassen sich auf den Urheber dieser Schöpfung ziehen? Passt das christliche Gottesbild zur Schöpfung oder ist es womöglich eine Wunschprojektion, die im Widerspruch zur Wirklichkeit steht?

Wenn die Schöpfung kreativer Selbstausdruck des Schöpfers ist, was für ein Bild wirft sie auf ihren Schöpfer? Nach jedem Schöpfungsakt heißt es: »Und Gott sah, dass es gut war.« Die Schöpfung ist in den Augen ihres Schöpfers »gut«; er identifiziert sich mit seinem Werk. Dem unvoreingenommenen Betrachter stellt sich die Frage: Ist die Natur tatsächlich »gut« im Sinne eines positiven, harmonischen, von Empathie getragenen Geschehens? Schließlich wird der Gott der Christen emphatisch mit absoluter »Liebe« gleichgesetzt. Konsequenterweise sollte dessen Schöpfung denn auch im Geist der Liebe konzipiert sein.

24

Beim Blick auf das Geschehen in der Natur[4] kommt der gläubige Christ in Erklärungsnöte. Wie kann ein »Gott der Liebe« Geschöpfe erschaffen, deren Existenz auf dem brutalen Prinzip »Töte, um zu überleben!« beruht? In der Natur gilt: kein Lebewesen ohne »natürliche Feinde«. Feindschaft und Konkurrenzkampf, gepaart mit Hinterlist und Grausamkeiten in schillernder Vielfalt, beherrschen das Geschehen.

Zum äußeren kommt noch ein innerer Feind: das jedem Geschöpf implementierte Prinzip des *Alterns* und *Verfalls*, in vornehmer Zurückhaltung als »Vergänglichkeit« bezeichnet. Dieser unausweichliche Verfallsprozess ist mehr als ein Bittertropfen in einem ansonsten süffigen Getränk. Und nicht zu vergessen: die vielfältigen Akte des *Chaos*, die zerstörerischen Naturkatastrophen. Wie kann sich der Schöpfer an dem von ihm geschaffenen Schauspiel, an den unzähligen Dramen und Tragödien erfreuen? Ist das würdig eines »Gottes der Liebe«?

Der Mensch und seine Kultur werden gemeinhin mit Skepsis betrachtet. Das Geschehen in der Natur wird weniger kritisch, eher geschönt, wie durch eine rosarote Brille gesehen. Man hat sich daran gewöhnt, die Natur als erhabenes, ästhetisch phantastisches, romantisch verklärtes Schauspiel zu betrachten. Die Rede von den »Naturparadiesen« verrät das verkitschte Naturbild, das da gepflegt wird. »Ökologie«, gedeutet als harmonisches Miteinander in einem »gemeinsamen Haus«. Eine fromme Selbsttäuschung.

In der Natur gibt es keine Paradiese. In Wirklichkeit und bei genauerem Hinschauen sind die Ökosysteme der Natur der Balanceakt zwischen kooperativem Mit- und aggressivem Gegeneinander. Natürliche

Feinde und begrenztes Nahrungsangebot sind die bestimmenden Faktoren. Soziale Instinkte stehen im Widerstreit mit dem Kampf um Rang und Privilegien. Keine der möglichen Tricks und Taktiken werden ausgelassen. Alles moralisch Fragwürdige, was man dem Menschen gemeinhin anlastet, ist bereits in der vormenschlichen Natur einprogrammiert.

Das verklärte Naturbild lebt von Oberflächlichkeit und selektiver bis mangelnder Empathie mit den Geschöpfen. Die scheinbar sanftmütig lächelnden Delfine lieben wir; die von ihnen gefressenen Sardinen sind »Kollateralschäden«, ebenso wie das vom Raubtier gerissene Antilopenjunge. Jäger und Gejagte – ein immer wieder fasziniert beobachtetes Spektakel. »Das ist Natur, das ist eben so.« Der Schöpfer wird seine guten Gründe gehabt haben, die Natur so zu konzipieren. Und außerdem: Natur und Kultur sind zweierlei. sagt man. Der Mensch ist kein Tier! Für ihn gelten andere Maßstäbe.

Eine »Zweiklassenschöpfung« also, die man unterschiedlich zu bewerten hat. Was dem Menschen als moralisch verwerflich gilt, ist in der Natur normal und erlaubt. Es entwickelt dort eine Faszination, die man als Zuschauer ohne schlechtes Gewissen genießen kann. Warum diese bizarre Vielfalt von Aggression, Lüsternheit und Grausamkeit? Wäre das Schauspiel *Schöpfung* unter dem Diktat der Ästhetik und Empathie, unter dem Zeichen der Harmonie und des Gelingens für den göttlichen Zuschauer womöglich zu langweilig geraten?

Die vielbeschworene »Bewahrung der Schöpfung« als Gebot des Schöpfers zu begründen, ist mehr als gewagt. Bewahrung ist gewiss nicht oberstes Prinzip

26

der Natur. Das mörderische Fressen und Gefressen-
werden, katastrophale Einbrüche des *Chaos* – Vul-
kanausbrüche, Erdbeben, Stürme, Flutwellen – zerstö-
ren mit Regelmäßigkeit, ebenso wie das Prinzip *Ver-
fall und Tod,* jede Form von Leben.

Leben in der Natur ist alles andere als »heilig«. Es
ist ein überaus fragiles und fragwürdiges »Geschenk«,
für viele Lebewesen eine qualvolle, wahrhaft »heillo-
se« Zumutung. Es ist ständig von Feinden umlauert,
von Gefahren bedroht. Vor Millionen Jahren ging
durch einen Meteoriteneinschlag oder Vulkanausbrü-
che fast das gesamte Leben auf unserem Planeten zu-
grunde – ein Zufall, eine Episode des Universums,
kein Problem für den göttlichen Zuschauer.

Die Frage angesichts all der bedenklichen bis
furchtbaren Realitäten kann nicht sein: »Warum lässt
der Schöpfer dies alles zu?« Diese Fragestellung würde seine Verantwortung verharmlosen, relativieren,
als wäre er nur passiver Zuschauer. Die auf den Kern
des Problems zielende Frage kann nur lauten: »Warum hat er seine Schöpfung so konzipiert?« Schließlich ist er dem christlichen Mythos gemäß nicht nur
Zuschauer, sondern Urheber des Universums. Als solcher trägt er die letzte Verantwortung für alles, was
existiert und geschieht.

Derart blasphemisch anmutende Fragen zur Rolle
des Schöpfergottes werden gewöhnlich ausgeklam-
mert. Man beschränkt sich bei der Betrachtung der
Natur auf die positiven Aspekte. »Schöpfung«, schon
der Begriff hat wie die viel beschworene »Ökologie«
einen euphemistischen Beigeschmack. Als ginge es
im Universum um ein rein schöpferisches, kreatives,
auf keinen Fall destruktives Geschehen.

Mit gleichem Recht könnte man die »Schöpfung« auch »Zerstörung« nennen. Jedes kreative Geschehen wird egalisiert oder infrage gestellt durch antagonistische, destruktive Kräfte. Doch von dem Bild der »guten« Schöpfung – »Die Himmel rühmen…« – können und wollen die Gläubigen nicht lassen, ebenso wenig wie von dem Bild Gottes als dem »Gott der Liebe«. Mit der Negativseite des Lebens, den brutalen Prinzipien der Natur, mit Chaos, Katastrophe, Unglück, Krankheit und Tod können sie nichts anfangen und hoffen auf die »Erlösung von dem Bösen«.

Und so quälen sich christliche Denker und Theologen mit dem Problem des Negativen, subsumiert unter dem Begriff des »Bösen«, das man dem Menschen alleine schwerlich anlasten kann, seit Jahrhunderten herum. Festgelegt auf die Idee des »guten Gottes« enden sie geradezu zwangsläufig bei dem »Mysterium des Bösen«, einem »Geheimnis des Glaubens«.

Tatsachen, deren Erklärung jenseits des Erfahrungshorizonts liegen, als Geheimnis zu betrachten, mag legitim sein. Die offensichtliche Existenz des Negativen jedoch, die durchaus ihre Logik hat, nur weil sie nicht zu der Vorstellung des »guten Gottes« passt, als Geheimnis abzutun, erscheint wohlfeil.

Und jenen letzten, trotzig fröhlichen Ausweg aus dem Dilemma – das »Credo, quia absurdum«, das »Ich glaube, gerade *weil* es absurd ist« – kann man denn auch getrost als einen Kamikazeakt des Wunschglaubens betrachten. Für einen denkenden Menschen, der seine Erfahrungs- und Gefühlswelt ernst nimmt, ist diese Taktik nicht akzeptabel. Das mag etwas für Hasardeure des Glaubens sein.

Es gibt nur zwei Möglichkeiten, mit der Wirklichkeit umzugehen. Entweder man akzeptiert sie als gegeben und versucht, sie zu begreifen; das wäre »Demut« im philosophischen Sinn. Oder man lehnt sie ab und träumt sich in eine »andere« Welt. Das sogenannte Negative als Strafe, als Preis für die Sünde des Menschen zu interpretieren, ist grotesk. Die Welt ist, wie sie ist. Ihr wegen ihrer ambivalenten Struktur die Existenzberechtigung abzusprechen, sie als »misslungen« abzustempeln, wäre absurd und arrogant. Das wäre übrigens auch eine Beleidigung für deren Schöpfer.

Diese zweigesichtige Welt jedoch mit einem »Gott der Liebe« gleichzusetzen, ist unmöglich. Bleibt nur eine für Gläubige vermutlich unannehmbare, bittere Erkenntnis: Wenn man schon einen Schöpfergott annimmt, dann müsste dieser entsprechend seiner Schöpfung »zu allem fähig« sein, im Guten wie im Bösen.

Als »Ebenbild Gottes« sollte der Mensch, der ja bekanntlich auch zu allem fähig ist, diesen Gedanken nachvollziehen können. Polytheistische Mythen waren in dieser Hinsicht näher an der Wirklichkeit und einem realitätsgerechten Götterbild. Sie kannten gute und böse, schöpferische und zerstörerische Mächte.

Der vom abrahamitisch-jüdischen monotheistischen Mythos eingeführte Satan als Hilfskonstruktion für die Existenz des Bösen löst das Problem nicht wirklich. Auch er, der »abgefallene Engel«, ist ja ein Geschöpf Gottes, hat seinen Ursprung in ihm. Die letzte Verantwortung bleibt allemal beim Schöpfer. Allein schon die *Möglichkeit zum Bösen* als eine Art »Versuchsanordnung« – *»wie verhalten sich meine*

Geschöpfe?« – in den Raum zu stellen, rückt den »guten« Gott in ein Zwielicht. Ist er ein Verführer, zu dem man: »und führe uns nicht in Versuchung!« beten muss? Und was ist das »Geschenk der Freiheit« wert, wenn es nur die *eine* Entscheidung ungestraft zulässt? Oder bedarf der »Gute« gar des »Bösen«, um sich als »gut« definieren zu können?

Wer die Theodizee, die Rechtfertigung Gottes, oder eine »Kosmodizee«, die Rechtfertigung der Welt, betreiben will, muss sich die Mühe machen, die Logik, die *Notwendigkeit des Negativen* zu begreifen. Er muss einsehen, dass *Ordnung* ohne *Chaos*, *Freude* ohne *Leid*, das *Gute* ohne das *Schlechte* nicht zu haben ist. Keine Heiligen ohne Bösewichter! Auch das moralisch »Böse« ist nur *eine* Variante der Negativseite des Seins. Das Positive ist ohne den Kontrast des Negativen sinnlos; es verliert seine Bedeutung, seinen Geschmack.

Alle auf die Befreiung vom Negativen zielenden Erlösungsutopien erweisen sich als unreflektierte, kindliche Wunschphantasien. Zu Ende gedacht bedeuten sie die Auflösung der kontrastierenden Wirklichkeit in ein graues, konturenloses Nichts. Man könnte sie, wider die landläufige Meinung, durchaus als »nihilistisch« bezeichnen.[5]

Jedem Kritiker, ob fragend, zweifelnd oder erschüttert über scheinbar unerklärliches Leid, würde ein Schöpfergott wohl sagen: »Ich hatte nicht nur Lust, ich *musste* diese Welt so erschaffen. Versuche, dir Licht *ohne* Schatten vorzustellen, und du wirst scheitern!«

Wer diese Welt in ihrer Gesamtheit begreifen will, muss Abschied nehmen von einer zum Schönen und

Guten glatt gebügelten Wirklichkeit. Sein Horizont darf nicht von Wünschen und Ängsten eingeengt sein. Er muss sich auf diese Welt mit ihrer faszinierenden, zugleich erschreckenden Widersprüchlichkeit, auf den vollen Geschmack von Leben einlassen.[6] Nur dann wird er sie samt Schöpfer, sofern er über einen solchen spekuliert, akzeptieren. Der »gute Gott« der Christen kann jedoch kaum die Lösung sein.

Erbsündemythos – Der »sündige« Mensch

Da hat der Schöpfer also im Paradies einen Baum gepflanzt, von dessen Früchten der Mensch nicht essen darf, ansonsten würde er seinem Schöpfer in einem wesentlichen Aspekt ebenbürtig: er wüsste, was »gut« und was »böse« ist, und würde in Zukunft womöglich selbst über Gut und Böse entscheiden.

Nach dem Sündenfall vertreibt ihn der Schöpfer aus dem Paradiesgarten, damit er nicht auch noch vom »Baum des Lebens« koste und eine weitere göttliche Eigenschaft, die Unsterblichkeit, erlange. *Unsterblichkeit* als zweite große Versuchung für den Menschen. So war das nicht vorgesehen, so war die Ebenbildlichkeit des Menschen zu seinem Schöpfer nicht gemeint. Moralische Unbedarftheit und Sterblichkeit sollten den Unterschied ausmachen.

Vermutlich geht es bei dem biblischen Bild des »Sündenfalls« nicht nur um die »Erkenntnis von Gut und Böse«, sondern um den Prozess der Bewusstwerdung. Mit der Entwicklung des Selbstbewusstseins beginnt der Mensch, sich in einem Akt der Selbstreflexion von außen zu sehen: »Sie erkannten, dass sie nackt waren«. Und sie schämten sich.

Scham setzt immer den prüfenden, strafenden Blick von außen voraus. Die vielbeschworene Unschuld der Kinder besteht nicht aus ihrer Unverdorbenheit, aus moralischer Integrität, sondern aus dem Mangel an selbstreflektierendem Bewusstsein. Der mahnende und strafende Blick der Erzieher muss erst zu dem eigenen Blick auf sich selbst verinnerlicht werden, dann weiß das Kind, was *gut* und was *böse* ist.

In einem späteren Schritt der Ich-Emanzipation beginnt der Mensch, die gelieferten Antworten auf seine Fragen, die Ge- und Verbote, die moralischen Standards infrage zu stellen. Für jeden Mythos mit klar definierten Moralvorstellungen ist das die Sünde schlechthin.

Mit dem »Sündenfall« löst der Mythos zwei Probleme: die Fragen nach der *Schuld* und nach dem *Leid*. Der Satan – im Bild der Schlange, die in Versuchung führt – ist der eigentliche Verursacher des Bösen. Er ist gewissermaßen schuld am Misslingen des Schöpfungsplans. Und der neugierige, ungehorsame Mensch trägt ebenfalls Schuld an seiner misslichen Lage.

Mit der Unschuld geht Adam und Eva auch das scheinbar unbekümmerte, paradiesische Leben verloren: »Im Schweiße deines Angesichts sollst du...« Der Überlebenskampf des Menschen wird als Strafe für den Ungehorsam interpretiert.

Nach christlicher Lehre wird nicht nur der Mensch, sondern darüber hinaus die gesamte Schöpfung erlösungsbedürftig. Der Tod, zuvor ungefragt als natürlich hingenommen, wird nun ebenfalls zu einer

Strafe uminterpretiert. Ohne Sündenfall gäbe es kein Leid, keine Probleme, keinen Tod – nur reines Paradies herrschte auf Erden. Man könnte nun fragen: Warum hat der Schöpfer die ersten Menschen mit der Existenz des verbotenen Baumes in Versuchung geführt? In Versuchung zu führen ist doch eigentlich das Privileg Satans? Um den Gehorsam, die Unterwürfigkeit seines Ebenbilds zu testen und ihn ins Verderben laufen zu lassen? Er musste doch wissen, wie sich die Menschen entscheiden würden.

Und warum ist gerade das Wissen-Wollen, das den Menschen vom Tier unterscheidet, die Ursünde? Dieses erste, einzige und unbegründete Verbot des Schöpfers könnte man als Vorbild für alle mythischen Tabus betrachten. Mythos und Tabu sind ein untrennbares Paar. Tabus dürfen nicht hinterfragt, geschweige denn angezweifelt werden.

Jeder Tabubruch stellt eine Gefahr für den Mythos dar. Deshalb wird jede Art von Ungehorsam und Neugier bestraft, als fürchte oder ahne der Mythos, dass seine Ge- und Verbote auf schwankendem Grund ruhen.

Die Neugier des Menschen als Ursünde zu definieren ist ebenso absurd wie wirkungsvoll. Absurd, da der Mensch ohne seinen Erkenntnisdrang niemals den göttlichen Auftrag, sich die Erde untertan zu machen, hätte ausführen können. Wirkungsvoll im Sinne des Mythos, da das Verbot des Erkennen-Wollens, das Denkverbot, den Mythos vor Fragen und Zweifeln schützt.

Dass die Ursünde der ersten Menschen auch noch zur »Erbsünde« stilisiert wird, hat für die Wirksamkeit des Mythos einen weiteren Vorteil. Alle nachgeborenen Menschen werden zu *prinzipiell sündigen Wesen* degradiert. Das implantierte Sündenbewusstsein führt zu permanenter Bestrafungsangst. Es macht den Menschen klein und erlösungsbedürftig. Keine Ausnahmen werden gemacht. Die Verdammnis droht sogar schon dem Säugling, wenn er nicht möglichst bald nach der Geburt durch die Taufe von der Erbsünde freigesprochen wird.

Erbsünde und Vertreibung aus dem Paradies trennen die Schöpfung in eine *gute Natur* und eine vom Menschen geprägte *sündige Kultur*. Dieses negative Menschenbild wirkt per Zivilisationskritik, Kultur- und Fortschrittspessimismus selbst bei säkular orientierten Zeitgenossen bis in unsere Tage hinein. Der Mensch wird zum Sündenbock des Planeten Erde gestempelt. Letztlich hat *er* alles Negative zu verantworten. Ohne ihn wäre die Erde ein harmonisches »Naturparadies«.

Auf dieser naiven Vorstellung ruhen alle Kulturen des schlechten Gewissens und der sentimentalen Träume von den »goldenen Zeiten« vorkultureller Existenz in einem Paradies. Bis heute klingt der Mythos nach in der Bewunderung nativer Völker, die »unberührt« von der Zivilisation »im Einklang mit der Natur« leben.

Das schlechte Gewissen, das natürlicherweise in einer menschlichen Gemeinschaft durch Regelverstöße gegen das Zusammenleben entsteht – ahnend, dass diese Verstöße auf irgendeine Weise Strafe nach sich ziehen –, wird transzendental überhöht, auf eine überirdische Macht bezogen und zu einer Grundbefindlichkeit erklärt, von der uns nur jene höhere Macht durch einen Akt der Vergebung befreien kann.

Für die Eliten des Mythos und der Macht ist das Sündenbewusstsein der Gläubigen und Untertanen das perfekte Instrument, diese klein und demütig zu halten. Die Eliten selbst werden kaum von einem schlechten Gewissen geplagt. Als Stellvertreter Gottes haben sie die Macht und den Auftrag, dem reuigen Sünder die Absolution zu erteilen, sofern dieser Buße und Besserung verspricht. Das zukünftige finale Heil, die endgültige Erlösung dürfen die Gläubigen von einem »Messias« erwarten.

Bei dessen Interpretation trennen sich die Wege der jüdischen und der christlichen Religion. Der Messias der Juden soll das Volk Israel zu Glanz und zur Herrschaft über die feindlichen Völker führen; der Messias der Christen verspricht seinen Anhängern die Vergebung der Sünden und das ewige Leben. Was nach der Vertreibung aus dem Paradies nicht mehr möglich war, »vom Baum des Lebens« zu essen und die Unsterblichkeit zu erlangen, wird nun zum eigentlichen Heilsversprechen.

Moralischer Schuldspruch und göttlicher Freispruch sind ein perfektes Paar. Die Erbsünde dient als einfache Erklärung alles Negativen, inklusive Tod. Der von den institutionalisierten Mythen detailliert erweiterte Sündenkatalog schüchtert den Gläubigen ein. Kommen auch noch äußere Nöte hinzu, dann verwandelt sich das irdische Leben tatsächlich in ein »Jammertal«.

Die Paarung von schlechtem Gewissen und Notsituation ist der ideale Nährboden für Heils- und Erlösungsversprechen. Die Vergebung der Sünden und die Rückkehr ins Paradies sind der Silberstreif am Horizont der Geschichte. Dem christlichen Mythos gemäß hat ein »Gottmensch« namens Jesus diese Heilstat vollbracht.

Gott und sein »auserwähltes Volk«

Das Alte Testament ist die Geschichte eines Volkes und seines Gottes. »Gott sprach zu Abraham…« Es beschreibt den exklusiven Bund des *einen* und *wahren* Gottes Jahwe mit dem Volk Israel. Der Mythos von Gott und seinem auserwählten Volk ist nach jüdisch-christlichem Glauben nicht Ausgeburt menschlicher Phantasie, sondern von Gott selbst geoffenbart. Egal, wie man »Offenbarung« interpretiert, ob als religiöses Erlebnis, Erscheinung oder direkte Ansprache Gottes, sie ist als »Selbstenthüllung Gottes« menschlich nicht erklärbar. Und sie beruht auf einem Akt der Gnade. Auf dem Gedanken der Offenbarung begründet der Mythos seinen Anspruch auf unbezweifelbare Autorität.

Neben dem jüdisch-christlichen gibt und gab es auch andere Offenbarungsmythen. Die Frage stellt sich: Welche dieser oft widersprüchlichen göttlichen Offenbarungen hat recht? Welches Volk ist das wahrhaft »Auserwählte«, das über die anderen Völker triumphieren, sie gar vernichten soll? Gibt es nur die *eine* und *einzige* Wahrheit? Dann wäre der Kampf um die »absolute« Wahrheit legitim.

Sprach jene transzendentale Macht, der Gott des Universums, nur *einmal* echt und authentisch zu »seinem Volk« oder spricht er je nach Vorstellungskraft der Völker in einer Kakophonie der Offenbarungen zu den Menschen und inspiriert die jeweiligen Schriftgelehrten obendrein zu einer Kakophonie der Auslegungen? Das wäre ein zynisches Spiel.

Und, was für ein Bild wirft die Vorstellung des »auserwählten Volkes« auf jenen einen und einzig wahren Gott? Ist er ein Gott der Willkür, der seine Gnade nach Lust und Laune verschenkt? Lässt sich die Idee der *Auserwählung*, der exklusiven, unverdienten Gnade – ob einem Volk oder einem Individuum gewährt – mit irgendeiner Vorstellung von *Gerechtigkeit* vereinen? Muss das nicht von jedem normal empfindenden Menschen jenem Gott als Ärgernis und jenem »auserwählten Volk« als Arroganz angelastet werden?

Als Selbstfindungs- und Selbstbehauptungsmythos eines Volkes mögen derartige Mythen verständlich sein und angehen. Mit Blick auf die Gesamtheit der Völker stellen sie jedoch eine Provokation dar. Die transzendentale Begründung einer Kultur oder eines Mythos mit dem Exklusivitätsanspruch auf Wahrheit und Heil – »extra ecclesiam nulla salus«, *außerhalb der Kirche, des Mythos, kein Heil!* – erweist sich in Zeiten der Globalisierung als gefährlicher Sprengstoff für das Zusammenleben der Völker. Unter dem Zeichen der Transzendenz, des Absoluten, kann es nur Kampf, Konkurrenz und Missionierung, aber keine Verständigung »auf Augenhöhe« geben.

Neben dem fragwürdigen Bund des Gottes Jahwe mit seinem Volk bietet der alttestamentliche Offenbarungsmythos inhaltlich wenig Bedeutsames. Es geht um Erzählungen über die Stammesgeschichte und um das Ringen eines »eifersüchtigen« Gottes mit seinem widerspenstigen Volk.

Für die hochgelobten »Zehn Gebote« als Grundlage einer allgemein gültigen Gesellschaftsmoral hätte es nicht des Berges Sinai bedurft. Sie waren nicht der große moralische Durchbruch in der Menschheitsgeschichte. Neben den Geboten zum Erhalt des Kultes und der elterlichen Autorität stellen sie lediglich die Minima moralia, das Mindestmaß an gesellschaftlicher Ordnung dar, zu der auch die meisten anderen Kulturen befähigt waren. Sie sind keineswegs originell und einzigartig.

Die modernen allgemeinen Menschenrechte gar auf die Offenbarung am Berg Sinai als Fundament ethischer Wertordnung zurückzuführen, ist naiv und entspricht nicht den historischen Tatsachen. Es unterschlägt die Rolle der Französischen Revolution und der Aufklärung und offenbart zudem die eurozentrische Selbstüberschätzung, die den nichtchristlichen Kulturkreisen eine humane Regelung ihres gesellschaftlichen Lebens nicht zutraut.

3. Der Heilsmythos des Neuen Testaments

Der Gottessohn – Spätes Erbarmen

Wann immer man den »sechsten Tag« der Schöpfung, die Erschaffung von Adam und Eva, deren Sündenfall und Vertreibung aus dem Paradies, dem afrikanischen Urwald, ansetzt, ob vor einhunderttausend Jahren oder mehr – der jüdisch-christliche Gott ließ sich mit seinem Erbarmen Zeit. Er schaute dem sündigen Treiben des Menschen ungerührt zu.

Eine Sintflut schickte er einmal zur Strafe und danach das per Regenbogen bekräftigte Versprechen, solches nicht mehr geschehen zu lassen.

Urplötzlich und irgendwann entwickelte er eine besondere Sympathie für ein kleines Nomadenvolk, schloss mit ihm einen Bund, stand ihm in allerlei Nöten bei und versprach, eines Tages den Messias zu senden, der es zum Sieg über seine Feinde führen werde. An den anderen Völkern der Erde, an den unzähligen Menschengeschlechtern vor und jenseits dieses Bundes hatte er kein Interesse.

Nur diesem einen Volk offenbarte er sich. Nach unendlich langer Zeit der Gleichgültigkeit also ergreift ihn ein spätes Erbarmen mit dem sündigen

Menschengeschlecht. Er zeugt zusammen mit der Jungfrau Maria einen Sohn durch seinen »Heiligen Geist« – eine Tautologie, denn dieser Gott wird ja eigentlich als »Geist« definiert.

Nach klassischer Definition ist jener Jesus von Nazareth ein »Halbgott« und befindet sich in zahlreicher und bester Gesellschaft. Wer immer in der Mythologie etwas auf sich hielt und wem eine besondere Rolle zugedacht war, musste göttlichen und jungfräulichen Ursprungs sein. Das hob ihn aus der Masse der gewöhnlichen Sterblichen hervor.

»Gezeugt, nicht geschaffen, eines Wesens mit dem Vater…« Das Christentum nennt ihn nicht »Halbgott«, sondern »Menschensohn« oder »eingeborenen Sohn«. Als wen jener Jesus sich selbst sah, wenn er von seinem »Vater« sprach oder wenn er am Kreuz verzweifelt rief: »Mein Gott, mein Gott, warum hast du mich verlassen?« ist schwer einzuschätzen. Als dessen »leiblichen Sohn« bezeichnete er sich jedenfalls an keiner Stelle der Überlieferung.

Anders die christliche Lehre. Ihr bleibt keine Wahl. Sie *muss* auf der Gottessohnschaft des Jesus bestehen, ansonsten würde der Wert seines Opfertodes bagatellisiert und jener vielzitierte Ausspruch: »So sehr hat Gott die Welt geliebt, dass er seinen einzigen Sohn dahingab…« wäre Makulatur. Wenn Jesus »nur« Mensch war, dann hat der Gott der Christen jenes ihm zugeschriebene »Liebesopfer« nicht gebracht.

Ort, *Adressat* und *Zeitpunkt* – die Geschichte der Menschwerdung Gottes als Akt des späten und exklusiven Erbarmens kann von einem Blickwinkel aus, der über das eigene Ego, den eigenen Kulturkreis hinausreicht, nur als ein Ärgernis empfunden werden. Mit der Vorstellung eines »gerechten« Gottes lässt sich diese Geschichte nicht vereinen.

Eine sich aufdrängende Frage scheint die Gläubigen nicht zu bewegen: Was geschah mit den unzähligen Menschengeschlechtern *vor* diesem historischen Eingreifen und *jenseits* des jüdisch-arabischen Kulturraums? Waren all jene Kulturen verblendet und mangels »Vergebung der Sünden« der Verdammnis anheim gefallen?

Die wahrhaft unerhörte, unglaubliche Willkür, die in der christlichen Erlösungsgeschichte liegt, kann die »Auserwählten«, mit der »Gnade des Glaubens« Beschenkten anscheinend kaum beunruhigen.

Messias und Moralist

Für den Menschen ist die Menschwerdung Gottes natürlich schmeichelhaft; erst recht, wenn der Gottessohn in einem Stall zur Welt kommt. Gott, der mit *Allmacht* gleichgesetzt wird, arm und schwach als Säugling in einer Krippe: Weihnachten ist das vermutlich genialste Rührstück der Mythengeschichte.

Die Assoziation des Gottessohns mit den Armen und Schwachen macht denn auch den Erfolg dieses Mythos aus. Auf die »Mühseligen und Beladenen« konzentriert sich die Botschaft des Wanderpredigers aus Nazareth. An die kleinen Leute bis hin zu den gesellschaftlich Geächteten ist sie gerichtet.

Die von Jesus verkündete *Moral*, sein Gebot der Nächsten- und Feindesliebe könnte man die »Botschaft eines Hyperempathikers« nennen. Empathie auf die Spitze getrieben. Den »Nächsten«, d.h. jedermann zu lieben wie sich selbst, ist ebenso utopisch wie absurd.

Eine in Ansätzen positive Grundeinstellung gegenüber dem Zeitgenossen mag noch angehen. Früher oder später differenziert sich jedoch im Zusammenleben diese relativ neutrale Wohlgesonnenheit in ein Spektrum von Einstellungen, die sich nicht mehr unter dem Begriff »Liebe« subsumieren lässt. Nur zu oft und mit Recht sind Abgrenzung und Gegenwehr gegenüber dem »Nächsten« angesagt, Gefühle der Abscheu und Verachtung nicht ausgeschlossen.

Die geforderte *Feindesliebe*, mit der sich Jesus klar gegen die geoffenbarten Lehren des Alten Testaments – »Auge um Auge, Zahn um Zahn« – abgrenzt, könnte man psychologisch gedeutet einer Aggressionshemmung zuordnen oder bestenfalls dem natürlichen Instinkt, per Unterwerfungsgeste und Demutshaltung – »die Wange hinhalten« – den Konkurrenten oder Feind zu besänftigen.

In der Tierwelt funktioniert das auch oft. Da mit einer solchen Einstellung aber keine Staatsreligion zu machen ist, musste die christliche Theologie per »Naturrecht«, dem Recht auf Selbstverteidigung, die gebotene Feindesliebe aushebeln und sie ein paar unverbesserlichen Idealisten, sprich: Pazifisten, überlassen. Eines von vielen Beispielen für den freizügigen Umgang der christlichen Kirchen mit der Lehre ihres Begründers.

»Sehet die Vögel auf dem Felde! Sie säen nicht, sie ernten nicht...« Fast schon rührend naiv und realitätsfern klingt, was Jesus seinen Zuhörern predigt. Das grenzenlose Vertrauen auf den Vater im Himmel hat etwas Kindliches. Nicht umsonst lautet seine Forderung: »Wenn ihr nicht werdet wie die Kinder...«

Ob Jesus die vermeintliche Unschuld der Kinder oder deren arglose Gutgläubigkeit verklärt – es ist ein Plädoyer für die Naivität und verrät, auf wessen Seite er steht. Er verlangt Glauben, Gutgläubigkeit, nicht Nachdenken, kritisches Hinterfragen. Jesus ist Moralist und Heilsbringer, nicht Philosoph. Kritisch ist er nur gegenüber den Pharisäern und Schriftgelehrten und deren formalistischen Fixierung auf das Regelwerk ihrer Heiligen Schriften. Seine Opposition zur hierarchischen Elite wird ihm neben den politischen Gründen letztlich zum Verhängnis werden.

In *einem* Punkt ist Jesus von Nazareth revolutionär, und das dürfte in der Geschichte der transzendentalen Mythen seine herausragende Leistung sein: Er setzt die *Nächstenliebe* mit der *Gottesliebe* gleich. Die horizontale Dimension gewinnt gegenüber der vertikalen an Bedeutung. Der direkte Umgang mit Gott, das liturgische Element, wie z.B. die Heiligung des Sabbats, muss zurückstehen, wenn tätiges Eingreifen geboten ist. Sozialverhalten zählt mehr als Regeltreue gegenüber den Ritualen.

Diese geänderte Blickrichtung könnte man innerhalb der Mythen als erstes Aufkeimen der *Säkularisation* deuten. Das Diesseits wird zumindest in der Ausrichtung des praktischen Handelns der Transzendenz gleichgesetzt – ja, fast schon vorgezogen.

Jesus war sich seiner von den Pharisäern als blasphemisch bewerteten »Theologie« vermutlich nicht bewusst. Er predigt aus einem unreflektierten, empathisch geprägten Habitus heraus. In seinem Heilsversprechen ist er noch ganz auf die andere Welt fixiert:

»Mein Reich ist nicht von dieser Welt…« Das Ziel seiner Botschaft ist denn auch nicht die soziale Besserstellung der »Mühseligen und Beladenen«, die soziale Gerechtigkeit im Diesseits. Insofern ist er kein Sozialrevolutionär. Das Heil, das er verspricht, liegt im Jenseits.

Nicht einmal seine Jünger verstehen das zunächst und setzen ihre Hoffnung auf ihn als einen Messias des Diesseits, der das auserwählte Volk von seinen Unterdrückern befreien und, wie in den Schriften versprochen, zum Sieg über die Feinde führen soll. Sein Scheitern am Kreuz ist für sie die große Ernüchterung und Enttäuschung.

Bei aller Empathie, die ihm zu Eigen ist – jenem Jesus von Nazareth mangelt es, wenn man der Überlieferung glauben darf, nicht an Selbstbewusstsein. »Ich bin der Weg, die Wahrheit und das Leben…« »Ich bin nicht gekommen, den Frieden zu bringen, sondern das Schwert…« Er kann sehr rigoros sein, wenn es darum geht, ihm nachzufolgen. Dann sollen »die Toten ihre Toten begraben«.

Die ambivalente Mischung aus Empathie und einem Selbstbewusstsein, das sich letztlich zum »messianischen Größenwahn« steigert, macht die Faszination seiner Persönlichkeit aus. Diese Art von Charisma hat er mit allen Heilsbringern gemein. Sein Scheitern, sein Tod am Kreuz, den er vorausahnt, darf denn auch nicht das letzte Wort sein. Er muss es »messianisch« umdeuten als Sieg, als Blutopfer und Erlösungstat »zur Vergebung der Sünden«.

44

Opfertod und »Frohe Botschaft«

Mit dem Gedanken des versöhnenden Opfers an die höhere Macht steht das Christentum ganz in der Tradition der religiösen Mythen. Wer sich schuldig gemacht hat, bringt ein Opfer, um den erzürnten oder beleidigten Gott wieder positiv, gnädig zu stimmen. Das Opfer muss »wehtun«. Neben pflanzlicher Nahrung opfert man, wertvoller noch, Tiere. Das blutige Geschehen am Altar erhöht die Dramatik.

Die höchste Steigerung ist das Menschenopfer. Von besiegten Feinden bis zu Jungfrauen aus der eigenen Sippe – die Skala der Menschenopfer umfasst alle Arten von Grausamkeit. Als sei die jenseitige Macht blutdürstig und unerbittlich in der Forderung nach Unterwerfung und Sühne

Das Verlangen nach einem Menschenopfer wirft zumindest auf den Gott der Christen ein bedenkliches Licht. Wer auf einem solchen Opfer besteht, kennt keine wirkliche Gnade. Erst recht nicht, wenn er es von seinem eigenen Sohn fordert. Als Abraham seinen Sohn opfern wollte, griff Jahwe noch ein und verhinderte es. Anders auf dem Ölberg.

»Vater, lass diesen Kelch an mir vorübergehen…« An diesem Punkt hätte ein »Gott der Liebe«, wie ihn das Christentum nennt, dem Geschehen Einhalt geboten. Das Opfer des eigenen Sohnes als Bedingung für den Gnadenakt der Vergebung der Sünden ist der geradezu perverse Kern der »Frohen Botschaft«. Nicht einmal die alten, klassischen Mythen, die anders als der christliche Mythos unbarmherzige und grausame Götter kannten, verstiegen sich zu einer solchen Geschichte.

Dass ein Gott seinen eigenen Sohn sich selbst zum Opfer bringt, um seine Liebe und Barmherzigkeit gegenüber den sündigen Menschen zu beweisen, das ist eine der absurdesten, um nicht zu sagen: »ungeheuerlichsten« Erzählungen der Mythengeschichte.

Hinter der rührseligen Bewunderung für einen solchen »Liebesbeweis« verbirgt sich fast so etwas wie menschlicher Größenwahn. »So sehr hat Gott die Welt geliebt, dass er…« Der Mensch im Zentrum der abgöttischen Liebe seines Gottes, Gott als liebedienerischer, seinen Sohn opfernder Weltenherrscher. War dieser Gott zu einem einfachen Akt der Gnade, des barmherzigen Verzeihens weder fähig noch gewillt?

Jesus musste, um seinen Leidensweg gehen und seine vermeintliche Sendung erfüllen zu können, das Gottesbild eines erbarmungslosen Vaters haben. Er musste annehmen, dass sein Vater, anders als gegenüber Abraham, unerbittlich auf dem Opfer bestand. Seine Zweifel kamen spät, zu spät: »Mein Gott, mein Gott, warum hast du mich verlassen?« In der Tat, dieser Vater hatte seinen Sohn verlassen!

Für wen starb dieser Jesus von Nazareth? Für die Masse der »Mühseligen und Beladenen« und deren überaus harmlosen, bescheidenen Sünden? Keiner von diesen, und wenn er sich noch so sündig fühlte, würde erwarten, dass für ihn ein Mensch oder Gott geopfert würde. Oder starb Jesus für die wahrhaft »Bösen« dieser Welt? Für die skrupellos Mächtigen, die kaltblütigen Verbrecher, für die Mörder, Vergewaltiger und Kinderschänder?

Starb er für den moralischen Abschaum der Menschheit, die »wirklichen Sünder«, die nicht den Hauch eines schlechten Gewissens oder einer Reue zeigen und ohnehin keine Chance auf das Paradies haben? Dann wäre sein Tod ein sinnloser, illusorischer Akt der Selbstaufopferung gewesen, ein tragischer Irrtum.

Für die Gläubigen mag der Opfertod des Jesus von Nazareth das Erschütterndste und Wunderbarste sein, was der Menschheit geschehen konnte. Nüchtern betrachtet war Golgatha in der Geschichte menschlichen Leids eine relativ unbedeutende Randbemerkung. Es gab Menschen, die schlimmeres Leid ertragen mussten. Der Blutdurst eines beleidigten Gottes hätte sich mit dem Meer von Blut, das im Lauf der Geschichte vergossen wurde, zufrieden geben können.

Ganz zu schweigen von den Naturkatastrophen, die unzähligen Menschen unermessliches Leid zufügten. Die Menschheit hat, um im Bild des Mythos zu bleiben, für ihren »Sündenfall« üppig bezahlt. Und oft genug traf es Unschuldige.

Das letzte Abendmahl und der Opfertod des Jesus von Nazareth wurden von der christlichen Kirche perfekt ritualisiert und ebenso euphemistisch wie nebulös als »Eucharistiefeier« bezeichnet. Jesus sah sich bei jenem letzten Abendmahl in der mythischen Tradition als »Opferlamm« und bot seinen Jüngern sein Fleisch und Blut als Speise und Trank an. Ob er dies nun *symbolisch bildlich* oder *real* meinte, worüber sich katholische und protestantische Theologen heftig streiten – beide Varianten haben einen aus zivilisierter Sicht »kannibalischen« Charakter.

Die Vorstellung, das Fleisch des Erlösers zu essen und sein Blut zu trinken, müsste auf die Gläubigen eigentlich abstoßend, ekelerregend wirken. Das blutige Geschehen, täglich in den katholischen Kirchen wiederholt, wurde jedoch so abstrahiert und ästhetisch stilisiert, die Verspeisung des Herrn verharmlosend als »Kommunion« deklariert, dass es in seiner grausam blutigen Bedeutung nicht mehr wirklich wahrgenommen wird. Es geschieht am Altar wie in einem Akt mystischer Trance. Vielleicht machen aber gerade die exotische Ungeheuerlichkeit und das heimliche Nachwirken uralter magischer Riten im unzivilisierten Unbewussten den Reiz dieses Rituals aus?

Das *Kreuz* wurde zum Markenzeichen des Christentums, zum alles überragenden Symbol. Was bedeutet für die Gläubigen ein Leben »unter dem Kreuz«? Was bewirkt, was *soll* der schauerliche Anblick des Gekreuzigten bewirken? Als einprägsames Schuld- und-Sühne-Menetekel trägt dieses Symbol sicher nicht zur Lebensfreude bei. Es ist die Erinnerung an die Erlösungsbedürftigkeit des Menschen dank der von den Ureltern vererbten Sündenlast.

Zugleich ist es die Aufforderung, in der »Nachfolge Christi« geduldig und demütig sein Kreuz auf sich zu nehmen. Es ist der stille Aufruf zu passivem Erleiden. Alles Leiden wird per se zur Erlösungstat verklärt. Der Lohn winkt nicht auf Erden, sondern im Jenseits.

Eine düstere »Frohe Botschaft«. Unter der permanenten Verengung des Blicks auf das Thema *Sünde und Vergebung*, auf das alles überragende utopische Gebot der Nächstenliebe verliert das Leben an Vielfalt und Breite des Spektrums. Die auf Demut und Bescheidenheit geeichte christliche Moral lässt Sinnenlust, Unvernunft, Ekstasen, alles Extreme und Exzentrische ebenso wenig zu wie die elementaren Gefühle *Zorn, Neid, Verachtung, Hass* und alle anderen

48

durch die Nächstenliebe geächteten Spielarten der Gefühlswelt.

Die Erwartungshaltung an das Leben ist, wie die emotionale Klaviatur der Gläubigen, im weitesten Sinn auf »wohltemperiert« gestimmt. Kein Raum für eine unbeschwerte, animierende Einstellung zum Leben. Nicht ohne Grund umweht die Verkünder der Frohen Botschaft wie alle Moralisten der Hauch des Öden und Langweiligen, des salbungsvoll Pastoralen.

Das Leben als Probelauf für die Ewigkeit unter der strengen Beobachtung eines Gottes, gleichsam ein Leben »auf Bewährung« mit der Institution Kirche als Bewährungshelfer – spröder und unattraktiver, vielleicht auch »unmenschlicher« kann man die menschliche Existenz kaum definieren. Lebenskunst und Lebenslust sind in diesem Konzept denn auch Fremdworte.

Paradies und ewiges Leben

Mit der Botschaft des Kreuzes allein wäre das Christentum nicht erfolgreich geworden. Jesus verknüpfte seinen Opfertod mit einem nicht zu überbietenden Versprechen: »Wer an mich glaubt, wird leben, auch wenn er gestorben ist…«

Hier ist einer, dessen Heilsversprechen die Urangst des Menschen, die Angst vor dem Tod, den der Erbsündemythos als Strafe für den Sündenfall deutet, mit einer wahrhaft kühnen Behauptung beiseite räumt. Er verspricht das, was früher nur den Göttern vorbehalten, was ihr eigentliches Unterscheidungsmerkmal zu den Menschen war: die *Unsterblichkeit*.

Auch andere Mythen stellten sich vage eine Existenz in einem Jenseits vor. Aber mit der messianischen Selbstüberzeugung des Jesus und der wahrhaft unglaublichen Begründung, dem sühnenden Opfertod eines Gottessohnes, steht die christliche Verheißung in der Geschichte der Mythen einzigartig dar. Gott wird Mensch, damit der Mensch Gott werde, die Unsterblichkeit Gottes erlange. Wenn er nur glaubt, wird alles gut. Wenn nicht jetzt, so doch am Ende der Tage.

Die ursprünglich säkulare, auf den Triumph im Diesseits gerichtete messianische Verheißung des Alten Testaments wird in eine transzendentale, auf ein Jenseits ausgerichtete Hoffnung umgewandelt. Das »Reich Gottes«, das mit der Wiederkehr des Jesus von Nazareth beginnen sollte, würde sich auf Erden – das hatten die Apostel bald begriffen – nicht einstellen.

Den Beweis für die Gültigkeit des Versprechens tritt dem christlichen Mythos gemäß Jesus durch seine leibliche Auferstehung an. Ohne sie wäre die Heilsbotschaft Makulatur oder zumindest bezweifelbar. Die Theologen mögen sich darüber streiten, ob die Auferstehungsgeschichte historisch wahr oder wie alle damaligen Wunderberichte »nur« der orientalischen Erzählweise jener Zeit zuzuschreiben sei.

Was immer sich an Gerüchten und Saga um den verschwundenen Leichnam und die Erscheinungen des Auferstandenen rankt – interessanter, als die historische Wahrheit des Geschehens zu ergründen, dürfte es sein, ein paar kritische Gedanken über das versprochene »Paradies« anzustellen. Was erwartet sich der Gläubige von ihm? Kann es für den Menschen tatsächlich ein Ort der Glückseligkeit sein?

Das Jenseitsparadies ist das am wenigsten umschriebene Thema der christlichen Heilsbotschaft. Die frühen Kulturen gaben den Verstorbenen vertraute Gegenstände, manchmal sogar lebende Menschen mit ins Grab, damit sie im Jenseits mit denselben Vorlieben wie in ihrer diesseitigen Existenz weiterleben könnten. Nur zu verständlich. Denn was definiert den Menschen und seine ihm gemäße Art des Lebens besser als das Zusammenspiel von Körper und Geist, von materiellen und geistigen Bedürfnissen? Geistige Genüsse allein machen nicht satt und sind zudem ohne Sinnlichkeit nicht denkbar. Sie sind wie die Emotionen von der Körperlichkeit, vom Sehen, Hören, Schmecken und Befühlen abhängig und geprägt. So ist der Mensch nun einmal »geschaffen«, und nur so fühlt er sich als Mensch.

Die christliche Lehre vom Paradies und der ewigen Glückseligkeit verkündet die »Auferstehung der Toten«, früher: die »Auferstehung des Fleisches«, und die glückselige »Vereinigung mit Gott«, dem »reinen Geist«. Beide Vorstellungen passen nicht so recht zusammen und provozieren Fragen: In welchem Zustand sollen die Toten auferweckt werden? So, wie sie gestorben sind? Oder in der Blüte ihrer Jahre? Was geschieht mit den früh verstorbenen Kindern oder Säuglingen, was mit den verwelkten Körpern der Alten? Was geschieht mit geschundenen oder hässlichen Körpern?

Und was geschieht mit der »Seele«, mit dem Geist, der Persönlichkeit, die womöglich in einem desolaten, dementen Zustand geendet ist? Werden Körper und Geist per »Reset« auf *schön*, *jung* und *gesund* zurückgestellt oder in einen idealen, gesichts- und geschichtslosen Allgemeintypus Mensch umgewandelt, ohne Vergangenheit und Zukunft, ohne Erinnerung an das Leben, das ihnen »beschieden« war? Sollen all die erlittenen Verwundungen, die Schicksalsschläge vergessen und vergeben sein? Wie sonst könnten die Auferstandenen emphatisch das Hosianna auf ihren Schöpfer singen?

Die Vorstellung einer glückseligen Vereinigung mit Gott wirkt nicht gerade attraktiv. Was soll ein ewiges, sinnlich von allen Anregungen losgelöstes Wonnegefühl? Und überhaupt, eine ereignislose Existenz jenseits von Geschichte und Geschichten, die uns schon hienieden nur zu oft zu schaffen macht, wie kann sie uns auf Dauer glücklich machen? Selbst der jüdisch-christliche Gott, der Absolute schlechthin, ließ sich doch auf das Experiment einer Schöpfung, einer Geschichte, oszillierend zwischen Materie und Geist, ein.

Was uns als Menschen definiert, soll das alles neu geschaffen und bis zur Unkenntlichkeit umgewandelt werden, damit wir jenseits- und ewigkeitstauglich seien?

Nicht ohne Grund lässt man die Paradiesvorstellungen im Vagen, im Bereich des Unvorstellbaren, der Glaubensgeheimnisse. Dem naiven Gläubigen muss die Hoffnung genügen, dass mit dem Tod nicht alles zu Ende ist. Andere Mythen retten sich in den Glauben an endlose Wiedergeburten, um so dem fragmentarisch gebliebenen Leben die nicht ausgelebten Aspekte in weiteren Leben hinzuzufügen.

Die derzeit bescheidenste Variante im Angebot der Unsterblichkeit ist die esoterisch angehauchte und zugleich wissenschaftlich fundierte Überzeugung, dass nach dem Gesetz des Energieerhalts keine Energie verloren geht. Das Ich als Träger unterschiedlicher Energie wird sich nach dem Tod mit einem universalen Energie- oder Kraftfeld vermählen und somit zwar auf einem apersonalen, abstrakten Niveau, aber wenigstens »irgendwie« weiterexistieren. Auch hier gilt: »Der Tod hat keinen Stachel mehr...« Die einfache Tatsache von *Anfang* und *Ende*, von *Werden* und *Vergehen*, obwohl täglich vor Augen geführt, scheint auch in dieser Denkungsart am wenigsten akzeptabel zu sein.

Jenseitsparadies und geschichtsloses, ewiges Leben widersprechen der Conditio humana. Sie sind für den Menschen aus Fleisch und Blut eine nur wenig verlockende »Utopie«, ein »Un-Ort«. Es erscheint mehr als fraglich, ausgerechnet dort die »Fülle des Lebens« zu erwarten. Nicht ohne Grund versucht denn auch die Mehrzahl der gläubigen Christen – ganz zu schweigen von den kirchlichen Eliten und deren Beharren auf weltlichen Privilegien – ihr Schäfchen schon im Diesseits ins Trockene zu bringen.

Manche christliche Glaubensrichtungen deuten gar Wohlstand und Glück in diesem Leben als göttliche Belohnung für den rechten Glauben. Armer Jesus, was hat man nur aus deinem Gleichnis: »Es ist leichter, dass ein Kamel durch ein Nadelöhr geht, denn dass ein Reicher...« gemacht!

Als nur zu verständlich entpuppt sich ein merkwürdiges Phänomen. Die freudige Erwartung des Todes, die brennende Sehnsucht nach dem Heimgang ins Paradies wird man bei kaum einem Gläubigen finden. Warum nur klebt der Mensch so an seinem Leben, wenn seine eigentliche Bestimmung ganz woanders, in einer jenseitigen, ewig glückseligen Existenz liegt? Flüstert ihm sein Inneres womöglich etwas anderes ein?

AT und NT –
Gottesbild, Menschenbild und Geschichtsbild

Das Alte Testament der Juden kann es in seiner Vielgestaltigkeit mit den Mythen der Inder, Ägypter, Griechen und vieler anderer Kulturvölker aufnehmen. Es erzählt einen bunten Reigen menschlicher Schicksale und wundersamer Ereignisse. Auch sein Anspruch auf »göttliche Offenbarung« ist nicht außergewöhnlich. Als Stammesgeschichte, die bis zur Schöpfungsgeschichte zurückreicht, hatte der alttestamentliche Mythos für das Volk der Juden in erster Linie seinen Sinn als Abgrenzungs- und Identitätsmythos gegenüber den anderen Völkern.

Auch die Vorstellung, das »auserwählte Volk« seines Gottes Jahwe zu sein, fällt nicht aus dem Rahmen der allgemeinen Mythengeschichte. Sie stärkte das Selbstbewusstsein eines historisch oft gebeutelten, kleinen Volkes. Dessen Hoffnung auf den endgültigen Sieg über die feindlichen Völker mithilfe eines Messias ist nur zu verständlich.

Im Zusammentreffen mit dem Jesusmythos, dem Neuen Testament, werden jedoch krasse Widersprüche deutlich. Das Bild des Gottes Jahwe und die Erwartungen an ihn wandeln sich. Der ursprünglich sehr »menschliche« Schutzgott eines unbedeutenden Nomadenvolkes, mit seinen Aktionen der Gnade und der Strafe, des Mitleids und des Zornes, wird zum barm-

54

herzigen Vatergott, zu einem »Gott der Liebe« umgedeutet, der letztendlich nur noch die Erlösung des Menschen im Sinn hat. Ein Sühneopfer allerdings muss sein. Die Vergebung der Sünden knüpft dieser Gott erbarmungslos an den Opfertod seines »eingeborenen Sohnes«.

In einer späteren Phase ändert sich das Gottesbild noch radikaler. Als Konsequenz aus der Zeugungsgeschichte des Jesus von Nazareth – »empfangen vom Heiligen Geist, geboren aus Maria, der Jungfrau« – entsteht in der christlichen Lehre das ominöse Konstrukt der »Heiligen Dreifaltigkeit«: *drei* Personen, *ein* Gott. *Gott Vater*, thronend im Himmel, sein *Sohn Jesus*, »aufgefahren in den Himmel, sitzend zur Rechten des Vaters« – in seiner Eigenschaft als Gott ist er dort beim Vater »vor aller Zeit«, schon vor seiner Zeugung durch den Heiligen Geist, »von Ewigkeit zu Ewigkeit«.

Und über den beiden schwebt als dritte Person der *Heilige Geist*, der Geist eines als »Geist« definierten Gottes, abgetrennt von Vater und Sohn, und doch »eins« mit ihnen. Wieder einmal bewegen wir uns auf dem Terrain eines »Glaubensgeheimnisses«.

Nur zu recht lehnen die monotheistischen Konkurrenzreligionen diese bizarre Idee des »Drei-Personen-in-eins«-Gottes ab. Und nicht nur für den menschlichen Verstand – dieses göttliche »Triumvirat« stellt überdies eine Beleidigung für jede Frau dar. Die Dimension *Weiblichkeit* existiert weder im jüdischen noch im christlichen Gottesbild. Irgendwann vor der Niederschrift des Alten Testaments wurde die ursprünglich noch verehrte Partnerin des Gottes *Jahwe*, die Göttin *Aschera*, aus der Gottesvorstellung der Juden verbannt. Hätte sie doch sowohl den Monotheismus als auch das Patriarchat infrage gestellt.

Der jüdisch-christliche Mythos beschreibt die Welt als eine *Beziehungsgeschichte zwischen Gott und Mensch*, als Schuld- und Sühnedrama, mit der Natur als schöner und grausamer Kulisse im Hintergrund. Dem Mythos vom Sündenfall nach gerät der Mensch durch seine zur Erbsünde stilisierte Ursünde in ein negatives Licht.

Die Festlegung des Menschen als prinzipiell sündiges Geschöpf vermittelt ein demütigendes Menschenbild. Es geht soweit, dem Menschen die Schuld an allem Negativen, sprich: »Bösen«, bis hin zu Unglück und Tod zuzuschreiben. Ob Satan, der abgefallene Engel, oder die ersten Menschen – schuld ist nicht der Schöpfer, schuld sind immer seine Geschöpfe.

Das Reich des Erlösers ist nicht mehr, wie ehemals erhofft, »von dieser Welt«. Sein Heilsversprechen verlegt Jesus in eine jenseitige Existenz. Dort wird für die, die an ihn glauben, alles gut. Der Heilsmythos des Jesus von Nazareth deutet die Menschheitsgeschichte dank dessen Opfertodes als eine Heilsgeschichte. Da diese, obwohl das »Reich Gottes« bereits begonnen hat, auf Erden nicht funktioniert, verlegt das Christentum das endgültige Heil auf das apokalyptische »Jüngste Gericht«. Die Vollendung der Geschichte wird sich in einem finalen Himmel-Hölle-Schauspiel vollziehen. Dort wird die hienieden vermisste Gerechtigkeit hergestellt. Die von Gott Auserwählten werden triumphieren, die von Gott Unbeachteten, der Gnade nicht für würdig Befundenen werden der ewigen Verdammnis anheim fallen.

Gottesbild, *Menschenbild* und *Geschichtsbild* der alt- und neutestamentlichen Mythen mögen dem naiven Gläubigen als nicht hinterfragbare Glaubensgeheimnisse gelten, zugänglich nur, wem die »Gnade des Glaubens« gewährt ist. Sie mögen ihm helfen, das Leben mit all seinen Widrigkeiten und Widersprüchen in der Hoffnung auf ein glückliches Ende zu bestehen. Einem Menschen jedoch, der seine Erfahrungen mit der Welt ernst nimmt und sie zu deuten versucht, müssen diese christlichen Glaubensgeheimnisse als wenig überzeugend, in sich widersprüchlich, zum Teil sogar als ärgerlich und anstößig erscheinen, erklärbar nur durch einen kindlichen Wunschglauben, in dem die Wahrnehmung der Wirklichkeit und die Kraft des kritischen Hinterfragens kaum oder nur selektiv entwickelt sind.

Was bleibt als Beitrag des Christentums zur Menschheitsgeschichte? Die vermeintlich Frohe Botschaft unter dem düsteren Zeichen des Kreuzes dürfte einer der zahllosen Versuche der Mythengeschichte sein, existenzielle Probleme in der Tradition der Opferkulte mittels transzendentaler Mächte zu lösen und ein Happyend in einer anderen Welt zu konstruieren. Sie ist kein Beitrag zu dem Versuch, diese Welt zu begreifen und in den Grenzen des Möglichen zum Wohle der Menschheit zu gestalten.

Die Leistung des Jesus von Nazareth sei nicht geleugnet. Wenn er auch kein Revolutionär war, der die sozialen Verhältnisse verändern wollte – dafür war er noch zu sehr in der Ausrichtung auf seinen »Vater im Himmel« und das jenseitige Reich gefangen –, so kann man ihn doch an einen *Wendepunkt der Mythengeschichte* stellen. Mit seiner Gleichstellung von Gottes- und Nächstenliebe beginnt unmerklich die Relativierung der transzendenzlastigen, rituell liturgischen, auf Gott gerichteten Frömmigkeit zugunsten einer mitmenschlich betonten Blickrichtung. Unter diesem mythengeschichtlich revolutionären Aspekt lässt sich auch die christliche Zeitrechnung, »vor« und »nach Christi Geburt«, zumindest für den westlichen Kulturkreis akzeptieren.

Dennoch, jener Jesus von Nazareth gehört, bei aller Würdigung seiner im Ansatz säkularen Ausrichtung und der Faszination, die er noch heute auf empathiebegabte Menschen ausüben mag, eher in die Reihe der Transzendenz-Utopisten. Ein kreativer Umgang mit den Realitäten im Sinne einer aktiven Verbesserung der Lebenswelt war nicht sein Thema. Seine Wirkungsgeschichte fiel denn auch äußerst zwiespältig aus. Aus seiner Sicht kann man sie gewiss nicht als »Erfolgsgeschichte« bezeichnen.

4. Christentum und Geschichte

Institutionalisierung und Bündnisse

Die fundamentalen Glaubensinhalte sind das eine; die Realisierung des Mythos als ein institutionell abgesichertes System und dessen Wirkungsgeschichte sind das andere. Unbestritten, das Christentum war äußerlich gesehen ungeheuer erfolgreich. Wie war es möglich, dass jener schwärmerische Wanderprediger und seine Anhänger einen solchen Erfolg hatten? War es tatsächlich nur seine Botschaft? Was wurde aus seiner Lehre und wie bewährte sich diese in ihrem wichtigsten Kulturkreis, dem »christlichen Abendland«?

Der Erfolg kam zunächst »von unten«. Die überaus attraktive Frohe Botschaft von der Vergebung der Sünden und dem ewigen Leben im Jenseitsparadies, gerichtet an die »Mühseligen und Beladenen«, verbreitete sich zunächst über die Sklaven Roms und die kleinen Leute.

Die Götter Roms und Kleinasiens konnten mit dem phantastischen Heilsversprechen jenes Jesus nicht konkurrieren. Das bemerkten irgendwann auch die Mächtigen. Kaiser Konstantin, selbst nicht gläubig, erhob das Christentum zur Staatsreligion. Parallel dazu erfolgte die systematische Institutionalisierung der neuen Religion.

Mythen brauchen, um auf Dauer erfolgreich zu sein, eine klar gegliederte Hierarchie. Sie wacht über die Reinheit der Lehre, verwaltet sie und übt die Rituale aus. Wenn sich die Hierarchie mit der Machtelite verbündet oder arrangiert, dann ist die »Kirche«, wie sich nun die organisierte Gemeinschaft der Gläubigen nennt, auf Erfolgskurs. Doch zu welchem Preis?

Mit der Institutionalisierung begann die Pervertierung der Lehre des Jesus von Nazareth. Es bildeten sich ähnlich den jeweils gültigen Herrschaftsformen monarchische, feudalistische bis absolutistische Strukturen und ein Papsttum, das seine unbegrenzte Macht mit dem Anspruch begründete, »Stellvertreter Christi auf Erden« zu sein.

Vergessen jenes: »Wer von euch der Erste sein will…« Macht, Pfründe, Privilegien, Gerichtsbarkeit – alle Insignien weltlicher Herrschaft setzten sich in einer Kirche durch, dessen Gründer noch verkündet hatte, sein Reich sei »nicht von dieser Welt«.[7]

Der Mann aus Nazareth konnte nicht ahnen, was aus ihm und seiner Botschaft gemacht wurde; wie skrupellos, habgierig und machtbesessen sich seine Kirche in der Welt einrichtete. Nicht nur das ausschweifende Leben früherer Päpste und Kirchenfürsten, auch heute noch verkörpert z.B. der Vatikanstaat die Pervertierung eines schwärmerisch utopischen, jenseitsbezogenen Mythos in eine weltlich agierende Institution, verbrämt mit einem göttlichen Auftrag und Heilsversprechen.

Was ist passiert? Der transzendentale, »übernatürliche« Mythos ist sehr bald auf dem Boden der Tatsachen angekommen. Abgesehen von ein paar Idealisten hat sich die christliche Kirche mit den Werten des Diesseits angefreundet. Im Bündnis mit der politischen Macht mutierte sie von einer Gemeinschaft der Armen und Schwachen zu einer Kirche der Reichen und Mächtigen.

Allzu übernatürlich anmutende Gebote ihres Gründers wie die Feindesliebe verkehrte sie per Berufung auf das »Naturrecht« in das Gegenteil. Wenn jener Jesus noch gesagt hatte: »Wer von euch ohne Sünde ist, der werfe den ersten Stein…«, so fühlten sich die kirchlichen Gerichte sündenfrei genug, Ketzer und Sünder unbarmherzig zu verurteilen.

Das Reich Gottes und seine Gerechtigkeit waren auf der Erde angekommen. Auch wenn die Kirche bisweilen einen Kampf um den Primat führte mit den jeweiligen Machthabern, die sie zuvor zu Herrschern »von Gottes Gnaden« gekürt hatte, gewöhnlich arrangierte man sich zu beiderlei Nutz und Frommen.

Die Herde der gläubigen Schäflein merkte nicht, wie ihnen geschah; dass der Glaube von den Mächtigen zum frommen Mäntelchen ihrer Machtgelüste instrumentalisiert wurde. Auch hierin unterscheidet sich die Geschichte des Christentums nicht von der anderer Mythen. Schon seit jeher wurden unter dem Banner des Mythos Machtkämpfe und Kriege geführt. »Im Namen Gottes …« – das war und ist die perfekte Motivation für die Soldaten und Gotteskrieger aller Zeiten und Kulturen. In den seltenen Friedenszeiten mussten die Demutsmoral des Kreuzes und das christliche Heilsversprechen zur sozialen Stabilisierung und als Trost für die meist in Armut lebende, »sündige« Bevölkerung herhalten.

Die weltliche und geistliche Elite feierte derweil ihre diesseitigen Paradiese ohne jeden Hauch eines schlechten Gewissens. Auf der Suche nach territorialer Machterweiterung, nach Gold, Sklaven und Rohstoffen führten die europäischen Herrscher unter dem Zeichen des Kreuzes ihre Kriege. Im unheiligen Bündnis mit der weltlichen Macht eroberte das Christentum, mal mit dem Schwert, mal durch Missionierung, ganze Kontinente. Das Christentum wurde zur Weltreligion. Die vorchristlichen Kulturen und ihre Mythen hatten kaum eine Überlebenschance.

Das Verschwinden der Transzendenz

Nach außen war der Siegeszug des Christentums ein glänzender Erfolg. Im Innern jedoch begann ein Zersetzungsprozess. Im Kampf um die wahre Lehre und auch aus Protest gegen das Gebaren der Hierarchie kam es zu Kirchenspaltungen. Denn zur feudalistischen Perversion der Lehre durch Päpste, Kirchenfürsten und sonstige Würdenträger war noch deren moralische Verkommenheit hinzugekommen. Machtintrigen, Völlerei und Mätressentum der Kirchenelite beherrschten die Blütezeit des Christentums, das Mittelalter und die frühe Neuzeit.

Man fragt sich, geschah das noch im naiven Glauben an Jesus und die Vergebung der Sünden oder in zynischer Verachtung seiner Botschaft? Das moralische Versagen der damaligen Kirchenoberen wird heute gern mit dem Begriff »Kirche der Sünder« unter dem Schleier der Barmherzigkeit verborgen. Im Grunde war es nur der eklatante Beweis für den Sieg der

»Natur« über die »Übernatur«, in einer exzessiven Form jedoch, die sich gewöhnlich nur die Eliten erlauben.

Am Höhepunkt der Macht angekommen, entstand parallel zu den innerkirchlichen, »protestantischen« Auseinandersetzungen und Abspaltungen Gegenwind von ganz anderer Seite. Die Stichworte dieses neuen Zersetzungsprozesses heißen *Säkularisation* und *Aufklärung*. Das Zeitalter der Entdecker, das Aufblühen der Wissenschaften entthronte die übermächtige Theologie und lenkte den Blick auf das Diesseits. Das Interesse der Menschen, oder besser: der geistigen Elite, wandte sich weltlichen Themen zu: der Erforschung der Natur und des Universums. Es gab unendlich viel zu entdecken und zu erklären.

Die Natur wurde Stück um Stück entmystifiziert. An die Stelle transzendentaler Kräfte traten berechenbare Naturgesetze. Mit der Auflösung der mythisch begründeten Ängste vor bislang unerklärlichen Naturphänomenen entstanden ein neues Selbstbewusstsein und ein neues Bild von der Welt. Die biblische Offenbarung verlor den exklusiven Anspruch, Mensch und Welt erklären zu können. Neue Horizonte taten sich auf.

Hinzu kam ein neues philosophisches Interesse. Das »Sapere aude!« der Aufklärung, das »Wage, zu denken, dich deines Verstandes zu bedienen…« musste den Hütern der biblischen Texte wie ein zweiter Sündenfall vorkommen. Kritisches Denken contra naives Glauben – das bedeutete einen Schritt weiter in Richtung Emanzipation des Menschen aus der Abhängigkeit von autoritär und per Offenbarung verkündeten »Wahrheiten«. Die Aufklärung nannte dies den

»Ausgang aus seiner selbstverschuldeten Unmündigkeit« (I. Kant).

Aus Sicht der Evolution trifft das die Sachlage nur bedingt. Denn »selbstverschuldet« war und ist die Unmündigkeit des Menschen nicht grundsätzlich. Das glaubensbetonte mythische Weltbild beruht auf einer naiv kindlichen Einstellung, herrührend aus der Frühgeschichte der Menschheit. Die Unmündigkeit eines Kindes ist zunächst normal und unvermeidlich, nicht selbstverschuldet. Sie wird dies erst, wenn der heranwachsende Mensch die Chance zum kritischen Mündig-Werden bekommt und sie verspielt.

Die unendlich lange während Evolution des menschlichen Bewusstseins innerhalb der Kulturgeschichte von einem frühgeschichtlichen, naiven in Richtung eines kritischen, mündigen Bewusstseins war der Aufklärung noch relativ fremd. Man dachte damals nicht in den gewaltigen Zeiträumen der Evolution, hatte vermutlich nur die Hochkulturen im Blick. Auch mit dem Phänomen der *Ungleichzeitigkeit*, des unterschiedlich entwickelten individuellen Bewusstseins innerhalb einer Gesellschaft – hier naiv Gläubige, dort kritisch Hinterfragende – konnten die Vordenker nicht viel anfangen. Sie postulierten den Gleichstand, das gleiche Bewusstseinsniveau, und setzten dabei einseitig auf das Instrument *Vernunft*, wenig ahnend von der Macht des »unvernünftigen« Unbewussten und der Mechanik menschlicher Denkweisen und Entscheidungen.

Gegen den Widerstand der christlichen Kirchen färbte von all diesen neuen Aktivitäten und Tendenzen etwas auf das Bewusstsein der Menschen ab und setzte einen Prozess in Gang, der längst nicht abgeschlossen ist und etwas Entscheidendes zur Folge hat. Mit zunehmender Säkularisation und Aufklärung, mit dem Wandel der Blickrichtung vom Jenseits auf das Diesseits verschwindet unmerklich die Transzendenz aus dem Bewusstsein. Vorbei die Blütezeit der »mystischen Gotteserfahrungen«, des »direkten Drahtes« der religiös Verzückten zu ihrem Gott.

Und selbst innerhalb der Kirche wird inzwischen die transzendentale Prämisse der Heiligen Schriften, ihr Offenbarungscharakter, infrage gestellt. Sind die biblischen Aussagen tatsächlich so originär und einmalig, wie man von göttlichen Offenbarungen erwarten sollte? Und darf oder muss man sie, wie über Jahrhunderte gefordert, überhaupt wörtlich nehmen?

Die Theologen haben seit einiger Zeit begonnen, Altes und Neues Testament »historisch-kritisch« zu untersuchen, den historischen Kern von den Legenden zu trennen, die Zusammenhänge mit den Mythen zeitlich paralleler Kulturen zu entdecken. Gleichsam hinter vorgehaltener Hand entzaubern sie die Wunderberichte des Neuen Testaments inklusive Auferstehungsgeschichte. Man spricht von »orientalischer Erzählweise«, die niemals wörtlich gemeint sei. Und fast unmerklich wird aus Jesus von Nazareth, dem »Gottessohn«, eine Art »Vorbildmensch«.

Diese allesamt säkularen Tendenzen, die den Glauben an eine direkte Offenbarung und ein übernatürliches, göttliches Wirken unterminieren, werden von den offiziellen Glaubenshütern der katholischen Kirche natürlich vehement als moderne Ketzerei verdammt. Die Einordnung des Christentums in eine Reihe mit historisch vergleichbaren Konkurrenzmythen und die Idee ihrer Gleichwertigkeit gelten als verderblicher »Relativismus«. Die »Wahrheit« kann und darf in deren Denkungsart nur *ein* Gesicht haben. Und – sie muss für *alle Zeiten* und *alle Menschen* gültig sein.

Eine Bilanz

Das Christentum ist durch die Kräfte der Säkularisation und Aufklärung in eine Existenzkrise geraten. Seine geschichtliche Bilanz sieht äußerst ambivalent aus. Eine gewisse positive Wirkung sei dem Christusmythos nicht abgesprochen. Er bedeutete für viele Menschen eine trostreiche Zukunftsperspektive, wenn auch erst in einem Jenseitsparadies. Ob der Trost eines Mythos auf einer realen oder utopischen, illusionären Hoffnung gründet, spielt keine Rolle. Solange er trägt, hat er seine historische Berechtigung. Es geht nicht um die Wahrheit einer Lehre, es geht um deren Wirkung auf die Gläubigen und um die Frage, ob ihr Nutzen den Schaden überwiegt.

Die Armen und Schwachen wurden zumindest in der Lehre des Jesus gegenüber den Reichen und Mächtigen aufgewertet. Sie bekamen durch seine Seligpreisung ein neues Selbstwertgefühl und durften sich von ihrem »Vater im Himmel« geliebt fühlen. Und das waren in den frühen Jahren des Christentums und den Jahrhunderten vor dem Zeitalter des Wohlstandsbürgertums nicht wenige. Es war die Masse der unterprivilegierten Menschen, die aus ihrem Glauben Hoffnung schöpften.

Der Preis, den sie auf Erden für den gepredigten Lohn im Jenseits bezahlen mussten – das Sündenbewusstsein, die Unterwerfung unter eine von der Institution ausgefeilte, rigide Moral und das demütige Ertragen ihrer zum Teil menschenunwürdigen Situation – war sicher hoch. Dennoch, die positive Wirkung ihres Glaubens dürfte, dem Entwicklungsstand ihres Bewusstseins und Weltbilds entsprechend, den bitteren Preis aufgewogen haben. Ansonsten wären sie aufgestanden und hätten sich gegen den verkündeten Glauben zur Wehr gesetzt.

Gestützt wurde der Glaube sicher auch durch die künstlerischen Leistungen, die den Mythos zur Darstellung brachten. Die gigantischen Kathedralen, das Theatralische in der Liturgie mit ihrer opulenten Kostümierung und Choreografie, die in ergreifende Werke der Musik verwandelte Heilsgeschichte, wechselnd zwischen Rührung, Erschütterung und Jubel, getragen von dem Gefühl des Erhabenen – diese Leistungen der Kunst und Architektur sind vielleicht der einzige Grund, der erlaubt, das Abendland, wenn auch nur künstlerisch ästhetisch, als »vom Christentum geprägt« zu bezeichnen.

Den positiven, »spirituellen« Wirkungen auf die Gläubigen steht das historische Versagen des Christentums gegenüber. Grob gesagt, das Christentum trug nicht zu einem humanen Fortschritt der Völker unter dem Zeichen des Kreuzes bei. Das »christliche Abendland« zeichnete sich in seiner Gesamtheit weder politisch noch moralisch durch eine speziell christliche Haltung aus.

Die geschichtliche Bilanz sieht alles andere als berückend aus. Man könnte das Versagen des Christentums auch dessen »geschichtliche Wirkungslosigkeit« nennen. Letztlich ist es der ernüchternde Beweis für die utopische Unmöglichkeit dieses Mythos. Das zentrale Gebot der Nächsten- und Feindesliebe konnte weder extreme soziale Klassenunterschiede wie die Leibeigenschaft zu Zeiten des Feudalismus, noch Religionskriege, Eroberungskriege, Imperialismus, Kolonialismus, Sklaverei und Völkermorde verhindern.

Die beiden Weltkriege, initiiert auf abendländischem Boden, bilden die vorläufigen Höhepunkte des Versagens. Sie übertrafen, allerdings nur aufgrund des technischen Vernichtungspotentials, an Grausamkeit alle Kriege der nichtchristlichen Kulturen. An der illusionären Selbstdefinition Europas als »christliches Abendland« konnte diese insgesamt verheerende Bilanz merkwürdigerweise nicht rütteln.

Was das *Sozialverhalten* betrifft, hatte das Christentum nur bei wenigen Ausnahmen eine Wirkung. Für Menschen mit besonderer Empathiebegabung war die Lehre des Jesus sicherlich Motivation zu einem selbstlosen Leben. Doch für die Mehrheit konnte sie dies nicht sein.

Das sollte nicht verwundern. Die geforderte undifferenzierte Nächstenliebe stößt an natürliche Grenzen, an das Streben des Individuums nach Rang und Privilegien. Sie endet *auch* an der emotionalen Abstoßung gegenüber unsympathischen oder bösartigen Zeitgenossen. Die Feindesliebe gar erweist sich für einen Menschen mit gesundem Überlebenswillen als absurd und geradezu töricht. Etwas für »heilige Narren«.

Auch die große »moralische Wende« innerhalb der Gesellschaft hat das Christentum nicht gebracht. Es hat im Leben des Einzelnen nichts wirklich verändert. Die nach christlichen Kriterien »unmoralische« Lüsternheit jeglicher Art konnte nicht überwunden werden. Speziell mit ihrer Sexualmoral hat die christliche Kirche seit jeher wenig Glück. Die Sexualität, die in Person und Lehre des Jesus nicht vorkommt, konnte sie nicht gänzlich in ihrem Sinne bändigen. Mit ihr tun sich die meisten transzendentalen Mythen schwer. Lenkt sie doch wie alle elementare Sinnenlust von der Ausrichtung auf eine jenseitige Welt ab.

Und schließlich, die ganze Skala an Egoismus, Habgier, Bosheit, Verbrechen und sonstiger moralischer Verkommenheit wurde auch im christlichen Abendland in allen Abstufungen durchgespielt. Die Saga von der Religion als »Garant für Werte und Moral« wurde und wird täglich Lügen gestraft. Es gibt keine moralische Trennlinie zwischen Religiösen und Säkularen, sowenig wie zwischen christlichen und nichtchristlichen Kulturen. Die Guten und die Bösen sind auf beiden Seiten gleichermaßen vertreten.

Moral macht sich offenbar nicht an der Angst vor transzendentaler Bestrafung fest. Das geordnete, zivilisierte Zusammenleben einer Gesellschaft gründet auf anderen, ausgesprochen natürlichen Mechanismen. Mit Ge- und Verboten aus magisch-mythischen Zeiten ist »kein Staat zu machen«.

Auch was die *kulturelle* und *politische Entwicklung* des Abendlandes angeht, spielte das institutionalisierte Christentum keine rühmliche Rolle. Den Fortschritten in Naturwissenschaften, Technik, Geisteswissenschaften und Philosophie standen die auf die göttliche Offenbarung fixierten Hüter des Mythos skeptisch bis ablehnend gegenüber.

Verbündet mit der feudalen Machtelite widersetzten sie sich zudem den politischen Veränderungen. Praktisch alle emanzipatorischen Erfolge der Neuzeit, von der *Aufklärung* bis hin zu *Demokratie und Menschenrechten*, wurden *gegen* die christliche Hierarchie erstritten. Als ahnte diese, dass ein emanzipiertes, befriedigendes Leben im Diesseits der Transzendenz vollends die Faszination rauben würde.

Mit Blick auf die Statistik – über eine Milliarde Katholiken weltweit – erscheint es gewagt, vom »Fall« oder »Scheitern« des Christentums zu sprechen. Das Sterben dieses Mythos geschieht leise und heimlich. Man muss schon genauer hinschauen, auf die Gläubigen und deren Gegenpart, die Ungläubigen oder Säkularen. Sie verraten mehr als alle Zahlen über den Zustand, die praktische Bedeutung oder Bedeutungslosigkeit des christlichen Mythos und über die Versuche, ihn in die Moderne hinüber zu retten.

Gläubige – Von »naiv« bis »aufgeklärt«

Das Christentum hat es schon lange nicht mehr mit einer homogenen Masse von Gläubigen zu tun. Das Spektrum des Glaubens reicht von *naiv* bis *kritisch*, von *fundamentalistisch* bis *aufgeklärt*. Allen Gläubigen jedoch gemein ist eine im Bewusstsein fast vergessene, aber folgenschwere Tatsache: Sie wurden als Säuglinge in ihren Glauben ungefragt »hineingetauft«. Die Taufpaten schworen für sie, dem Satan zu widerstehen, der Kirche die Treue zu halten und deren Anweisungen Folge zu leisten.

Die frühe Inbesitznahme gehört zum Instrumentarium eines jeden Mythos. An wichtigen Entwicklungspunkten wie Pubertät und Eintritt ins Erwachsenenalter wird der »Taufbund« erneuert, im Christentum per Erstkommunion, Firmung oder Konfirmation. Regelmäßig wiederholte Rituale, ein durch religiöse Feste strukturierter Jahreskalender – das alles untermauert den Prozess der Gewöhnung.

Gewöhnung ist ein schleichendes, aber wirksames Gift gegen den Zweifel. Was man gewohnt ist, erscheint selbstverständlich, »versteht sich von selbst«, muss nicht infrage gestellt werden. Durch Gewöhnung und Selbstverständlichkeit ist der Glaube beinahe perfekt gegen Anfeindungen aller Art immunisiert.

Die Masse der eingeschriebenen Gläubigen dürfte ihren Glauben unreflektiert beibehalten, oft auch aus sentimentaler Anhänglichkeit oder vagen Restängsten vor der Verdammnis, und mit der ebenso vagen Hoffnung auf ein Weiterleben nach dem Tod. Ihr Sündenbewusstsein ist nicht übermäßig ausgeprägt. Ein schlechtes Gewissen bereiten ihnen bestenfalls Umweltsünden und eine ungesunde Lebensweise.

Zur Beichte gehen sie nur ungern oder gar nicht. Der Herr wird schon Verständnis haben für ihre bescheidenen Sünden wider das sechste Gebot und für ihre Unlust, zu beten und jeden Sonntag die Heilige Messe zu besuchen, wo der Pfarrer auf eine ständig abnehmende, wie in schläfriger Trance wirkende Gemeinde herunterschaut.

Praktizierende Christen? Sie sind weder von »religiösen Erfahrungen« ergriffen noch von einem »religiösen Bedürfnis« getrieben. Ihr Leben unterscheidet sich kaum von dem eines Nichtgläubigen.

Es soll nicht geleugnet werden: Es gibt sie auch, die wahrhaft Gläubigen, überzeugt und emotional angerührt von der Botschaft des Jesus, naive Jünger des

Mythos, Idealisten und »Gutmenschen«. Ob sie ihr soziales Engagement auch unter einem anderen als dem religiösen Banner ausüben könnten, diese Frage stellt sich ihnen nicht. Für sie gilt als Orientierung uneingeschränkt die Bibel, das »Wort Gottes«, erhaben über jeden Zweifel. Sie wissen sich von Gott durch die »Gnade des Glaubens« auserwählt. Und sie halten sich an jenen Ausspruch ihres Erlösers: »Wenn ihr nicht werdet wie die Kinder…«

Kindliche Gutgläubigkeit als verabreichtes Antidot gegen kritische Reflexion. Doch ein Problem bleibt. Der Kampf gegen den Zweifel verlangt einen Schutzwall gegen die verstörenden Realitäten der Welt. Erfahrungen, die dem Glauben widersprechen, müssen ausgeblendet oder verdrängt werden.

Der kindlich Naive praktiziert einen Wunsch- und Angstglauben, nicht einen Erfahrungsglauben. Was er sich wünscht, wovor er sich ängstigt, zählt mehr als das, was er erlebt und was ihn zum Nachdenken reizen müsste. Widersprüche und Ungereimtheiten, wie den »Gott der Liebe« angesichts der Existenz des Bösen oder des menschlichen Leids, betrachtet er als »Geheimnisse des Glaubens«.[8]

Was die Masse der trägen, unreflektierten Gläubigen monoton als »apostolisches Glaubensbekenntnis« herunterbetet und nicht mehr wirklich realisiert – von der Jungfrauengeburt bis zur Auferstehung der Toten – davon ist er fest überzeugt. Er steht noch zu den Fundamenten seines Glaubens. Und manch einer von ihnen gerät in jene Denkungsart, die man mit berechtigtem Argwohn als »Fundamentalismus« bezeichnet.

Vom Fundamentalismus zum Fanatismus ist der Weg nicht weit. Im modernen Christentum geschieht eine derartige Radikalisierung zum Glück noch relativ selten.

Auf den klassischen Typus des kindlich naiven Gläubigen setzt die katholische Kirche, wenn sie ihre Hoffnung auf Kontinente richtet, wo noch angeblich »vitale Frömmigkeit und Religiosität« herrschen. Lateinamerika mit der statistisch überwältigenden Mehrzahl ihrer Gläubigen und Afrika, der Kontinent der Zukunft, sollen es richten. Die Chancen stehen dort dank eines im Vergleich zu Europa retardierten, magisch-mythischen Bewusstseins nicht schlecht. Die Kirche muss allerdings in Kauf nehmen, dass der Glaube in jenen Breiten nur zu oft mit den traditionellen indigenen Kulten synkretistisch vermischt und dass wenig Wert auf die Reinheit der Lehre gelegt wird. Entsprechend ihrem Temperament wechseln die Gläubigen auch gerne zur emotional ansprechenderen Konkurrenz, wie den Pfingstkirchen, zusätzlich motiviert durch Gaben oder das Versprechen, als gläubiges Mitglied zu dem verdienten Lohn schon im Diesseits, zu Erfolg und Reichtum zu gelangen.

Ein Großteil der Gläubigen hierzulande ist jedoch nachdenklicher, widerspenstiger geworden. Es sind dies die *kritischen* Katholiken, die sich an ihrer Amtskirche reiben. Die moralischen Vergehen der Vergangenheit sind zwar vergessen und vergeben; doch schon tut sich mit den Verfehlungen pädophiler Priester ein nicht für möglich gehaltener Abgrund auf. Skandale häufen sich, die man nur schwer mit dem Slogan der »Kirche der Sünder« entschuldigen kann.

Neben der moralischen Entrüstung ist es der Frust über das starre Festhalten der Kirche an alten Traditionen und Moralvorstellungen. Die katholische Sexualmoral – Stichworte: vorehelicher Sex, Verhütung, Abtreibung und der Umgang mit Geschiedenen und Homosexuellen – wird nicht mehr akzeptiert. Man hofft auf mehr Rechte für die Frauen in punkto Priesteramt und erwartet die Abschaffung des Zölibats.

»Moderner«, angepasster an die Neuzeit soll die Kirche werden. Für manchen ist die Enttäuschung über Skandale und konservative Haltung der Kirchenoberen Grund genug, aus der Kirche auszutreten.

Nur wenige wagen einen Schritt weiter von der eher vordergründigen Kirchenkritik zur Kritik an den Fundamenten des Glaubens. Meist reicht es gerade noch zum Zweifel an besonders kuriosen Dogmen oder Glaubenswahrheiten wie der »Jungfrauengeburt«, der »leiblichen Aufnahme Mariens in den Himmel« und der »Unfehlbarkeit des Papstes«.

Theologen, die solche Zweifel anmelden, wird die Lehrerlaubnis entzogen, was sie oft nicht hindert, Mitglieder ihrer Kirche zu bleiben, in der vagen Hoffnung, ein Hauch »Aufklärung« würde eines Tages durch die alten Gemäuer ziehen, der Mythos würde wieder zeitgemäß und in modernem Gewande neu erstrahlen.

Sie nennen sich »aufgeklärte Christen«, nicht realisierend, dass *Aufklärung* und *Glaube* einen Widerspruch per se darstellen. In den Glaubensinhalten und der liturgischen Praxis haben sie sich von der Kirche entfernt. Die »Eucharistiefeier« bedeutet für sie Erinnerung und Gemeinschaft, kein blutiges Geschehen mehr am Altar. Prozessionen und Bittgebete sind nicht ihre Sache; wissen sie doch, dass der Lauf der Dinge unbeirrt von dem Eingreifen des Schöpfers vor sich geht.

Sie verzichten auf das »Gespräch« mit ihrem Gott, konzentrieren sich nicht auf mystische, religiöse Erfahrungen, sondern auf das praktische Engagement im Hier und Jetzt. Längst haben sie die christliche Lehre auf soziales Handeln, auf Umweltschutz und fairen Umgang mit der Dritten Welt reduziert. Nicht wenige von ihnen verzichten auf die Vorstellung eines personalen Gottes. Sie sind gänzlich im Diesseits angekommen.

Diese aufgeklärten Christen könnte man auch »säkulare Christen« nennen. Sie haben ihr Christ-Sein für sich jenseits kirchlicher Lehre und Moral neu definiert. Obwohl sie in vielerlei Hinsicht längst »draußen« sind, wollen sie doch weiterhin dazugehören, sich »Christen« nennen. Nichts scheint schwerer zu fallen, als aus dem Schatten der eigenen Geschichte herauszutreten und einen sauberen Schnitt zu setzen.

Weiter abseits, aber immer noch irgendwie dem Mythos verbunden sind die *kirchenfernen* Gläubigen. Sie huldigen einem Glauben ohne Institution, individualistisch, entsprechend ihren Bedürfnissen.

Sie bedienen sich der Glaubenswahrheiten, die ihnen zusagen, und betreiben bisweilen einen synkretistischen Mix mit spirituellen Angeboten diverser anderer Mythen. Ihre Kommunikation mit dem »Göttlichen« ist oft esoterisch angehaucht. Sie scheuen nicht Rückgriffe auf vorchristliche, magische Praktiken. Die Welt der transzendentalen Mythen bekommt immer wieder neuen, kuriosen Zuwachs.

Und schließlich gibt es noch jene ebenso vorsichtigen wie cleveren Gläubigen, die nichts falsch machen möchten. Als Trumpfkarte gegenüber einem glaubenskritischen Skeptizismus ziehen sie die

Pascal'sche Wette aus dem Ärmel, nach dem Motto: »Glauben kann auf keinen Fall schaden«; wer glaubt, ist immer auf der richtigen Seite, auf der Gewinnerspur; ob so oder so, er hat nichts zu verlieren. Es ist die Wette eines logisch denkenden Mathematikers, gewappnet für den Fall, dass doch »etwas dran« sein sollte, an Gott und dem Jenseits.

Ob sich der Gott dieser klugen Taktiker wohl »im Falle des Falles« mit einer derart opportunistischen Denkweise zufrieden gibt? Womöglich wirft er ihnen »am Tag des Gerichts« vor, ihren Fragen und Zweifeln nicht nachgegangen zu sein? Vielleicht wäre ihm ein ehrlich Zweifelnder, ein empörter Verneiner lieber als ein schlauer Jasager? Vielleicht wird er ihn fragen: »Warum hast du es dir bequem gemacht und wider deinen Instinkt, dein innerstes Gefühl geglaubt? Warum hast du nicht einmal den Versuch unternommen, diese Welt, ihre Widersprüchlichkeit zu begreifen? Wozu habe ich dir deine Erfahrungen, Empfindungen und deinen Verstand gegeben?«

Womöglich wird es am »Jüngsten Tage« heißen: »Selig die Fragenden, die Zweifelnden, die Empörten, denn sie haben sich an der Wirklichkeit gerieben und auf billigen Trost verzichtet...«?

Ungläubige – Atheisten und Agnostiker

Die Grenzen zwischen den Varianten des Glaubens sind fließend. Und auch die Gegenseite, die Säkularen oder Konfessionslosen, bildet keine homogene Einheit. Ihnen gemein ist eine gewisse Verteidigungshaltung. Denn in den Augen der Gläubigen sind die Ungläubigen mit dem Negativimage eines Menschen behaftet, dem etwas fehlt und der anscheinend nur *gegen* etwas, womöglich Essenzielles, Wertvolles ist.

Die Mehrzahl von ihnen hat einfach kein Interesse mehr an transzendentalen Themen. Man findet sie auch in den Reihen der eingeschriebenen Kirchenmitglieder. Mit Gott und dem Jenseits können sie nichts anfangen. Es ist eine unspektakuläre, unreflektierte Abkehr von einem Weltbild, das ihnen nichts mehr sagt.

Von der »Gottvergessenheit der Moderne« ist die Rede, in Verkennung der einfachen Tatsache, dass jemand, der sich nicht zeigt, leicht in Vergessenheit gerät.

Von einigen selbstbewussten, stolzen Gläubigen werden die Säkularen neuerdings in einem Akt des Mitleids als »religiös unmusikalisch« bezeichnet. Ein bedauernswerter genetischer Mangel also soll hier vorliegen. Den unglückseligen Glaubenslosen fehlen einfach die Antennen für Gott und die Transzendenz. Obwohl die Mehrzahl der Gläubigen nicht unbedingt mit Gotteserfahrungen gesegnet ist, so wähnt sie sich doch durch einen Gnadenakt ihres Gottes »religiös musikalisch«. Es ist schon eine merkwürdige Definition des religiösen Glaubens, eines vermeintlich existenziellen menschlichen Bedürfnisses, ihn an einer besonderen Begabung festzumachen.

Den unreflektiert Ungläubigen, transzendental Gleichgültigen stehen die *dezidierten Atheisten* gegenüber: »Gläubige« mit umgekehrtem Vorzeichen. Sie glauben fest daran, dass es keinen Gott gibt, lehnen dessen Existenz als unwahrscheinlich ab. Gestützt auf ein eher rationales, wissenschaftliches Weltbild, stellen sie fest, dass alles Geschehen im Universum ohne Einwirkung transzendentaler Mächte stattfindet. Wenn es einen Gott gäbe, müsste er per Experiment nachweisbar sein. Die Dimension *Geist* leiten sie aus der Materie ab. Sie ist der Stoff, aus dem die Welt besteht. Und diese bedarf, um zu funktionieren, keines Gottes.

Es darf vermutet werden, dass sich hinter den bekennenden Atheisten bewusst oder unbewusst auch einige enttäuschte und empörte Monotheisten verbergen. Die christliche Gottesvorstellung von dem »guten Gott«, dem »Gott der Liebe« gar, der es mit uns Menschen nur gut meint, *müssen* sie einfach aus intellektueller Ehrlichkeit und aus Empörung über die schlimmen Realitäten der Welt ablehnen. Auf einen Gott der »gut und böse zugleich«, der ähnlich dem Menschen »zu allem fähig« ist, verzichten sie lieber. Was könnte auch ein solcher Gott von dem Menschen verlangen, was ihm versprechen?

Zurückhaltender präsentieren sich die *Agnostiker*. Worüber sie nichts wissen, über Dimensionen, die jenseits ihrer Erfahrungswelt liegen, können und wollen sie nichts sagen. Entschiedene Agnostiker lehnen jegliche Spekulation über Metaphysik und Transzendenz ab. Ihr Motto lautet: »Hic Rhodos, hic salta!« Dies ist die Welt, mit der wir uns zu befassen haben, auf der wir leben, auf der wir bestehen oder untergehen!

Neben den dezidierten gibt es noch die vorsichtigen bis furchtsamen Agnostiker. Sie verzichten auf Aussagen oder Vermutungen über das Jenseits, um es nicht komplett mit einer eventuellen »höheren Macht« zu verderben. Hinter der Unentschiedenheit verbirgt

78

sich auch hier – ähnlich den Anhängern der Pascal'schen Wette – ein gewisser Opportunismus.

Die agnostische philosophische Selbstbescheidung oder Verweigerung hat ihre Probleme. Sie macht einen Dialog mit der Gegenseite unmöglich und dient wenig dem Projekt *Aufklärung*. Alles »Jenseitige« konsequent zu vernachlässigen ist für Menschen, die »über den Horizont hinaus« denken, kein Muss. Schließlich liegt auch die Zukunft des Menschen jenseits unserer Erfahrung. Trotzdem darf über den Weg dahin spekuliert und nachgedacht werden.

Das Thema *Mythos*, das die kulturelle Evolution immerhin entscheidend mitbestimmte, völlig auszuklammern, heißt, sich vor einem historisch bedeutsamen Aspekt der Menschheitsgeschichte, auch wenn er in den Bereich der Spekulation, Illusion und Utopie hineinreicht, zu verschließen.

Offener und unverkrampfter diesen Fragen gegenüber erweisen sich jene entspannten und zugleich neugierigen Agnostiker, die zwar auf apodiktische Aussagen über Dimensionen jenseits ihrer Erfahrung verzichten, die aber bereit sind zur kritischen Auseinandersetzung mit den Mythen und deren Angeboten. Schließlich lässt sich das Phänomen der transzendentalen Mythen und deren Wirkung auf die Gesellschaft kaum negieren, zumal es noch lange nicht ausgestanden ist.

Die Frage, ob es einen Gott gibt oder nicht, lassen diese »für alles offenen« Agnostiker konsequenterweise unbeantwortet. Sie bestehen jedoch auf dem Anspruch, dass der jeweilige Mythos in sich stimmig sein muss und dass er keinen Widerspruch zur erfahrenen Realität darstellt.

Für sie ist es eine Frage des Stolzes, oder besser: eines berechtigten Selbstwertgefühls, dass die angebotenen Vorstellungen den eigenen Erfahrungen mit sich und der Welt nicht Spott und Hohn sprechen.

Ein Mensch darf verlangen – das ist die legitime Forderung des aufgeklärten Zeitgenossen »sine qua non« –, dass die Antworten auf seine Fragen seinen innersten Empfindungen nicht widersprechen; dass sie sowohl emotional als auch intellektuell einleuchten. Alles andere wäre eine Demütigung, die mit der auch von den Religionen postulierten Menschenwürde nicht in Einklang zu bringen wäre.

Naive und kritische; fundamentalistische und aufgeklärte Gläubige – ihnen gegenüber dezidierte Atheisten, skeptische Agnostiker und nicht zuletzt die wachsende Masse der religiös Indifferenten, Gleichgültigen, die längst neuen, säkularen Mythen huldigt – wie geht die katholische Kirche, die aus ihrer Sicht einzig wahre Hüterin des christlichen Mythos mit dieser Situation um?

Im Spannungsfeld zwischen trotziger Verteidigung der Tradition durch die Konservativen und dem Ruf der Fortschrittlichen nach Modernisierung befindet sie sich auf Schlingerkurs. Wird es genügen, die Kirche strukturell und in ihrem Umgang mit den modernen Lebenswirklichkeiten zu erneuern? Oder muss sie womöglich elementare Glaubensinhalte aufgeben oder bis zur Unkenntlichkeit neu- und uminterpretieren, damit sie wieder glaubwürdig werden?

Genügen die sporadischen, wohlmeinenden Appelle von Papst und Kirchenoberen bei Massenevents zu »Friede, Gerechtigkeit und Bewahrung der Schöpfung« als Existenzberechtigung? Bedürfen diese Botschaften tatsächlich der mythisch-transzendentalen Begründung? Ist etwa nicht nur die Kirche, sondern auch der christliche Mythos überhaupt noch zu retten?

Kritik des »christlichen Abendlandes«

Nimmt man neben der in unseren Breiten durchwachsenen Gemengelage von Gläubigen und Ungläubigen einmal die Gesamtheit, den Westen, und dessen Geschichte in den Blick, fällt eine merkwürdige Diskrepanz zwischen Selbsteinschätzung und historischer Realität auf. Man ist versucht, von dem »Mythos christliches Abendland« zu sprechen – Mythos, diesmal im Sinne einer ebenso verklärenden wie illusionären, wundersamen Erzählung.

Das Abendland hat sich aus christlicher Sicht gewiss nicht mit Ruhm bekleckert. Es als »christlich geprägt« zu bezeichnen ist mehr als fragwürdig. Die fundamentalen, wahrhaft »übernatürlichen« Gebote der Nächsten- und Feindesliebe hat es geradezu pervertiert. Von einem beginnenden »Reich Gottes auf Erden« konnte keine Rede sein.

Der Gang des Christentums durch die Geschichte hinterließ nicht weniger schreckliche Spuren als alle anderen Kulturen. Nichts wurde ausgelassen. Alle, auch die schlimmsten Mechanismen der Natur siegten über die gepredigte »Übernatur«.

Es geht hier nicht um eine moralische Verdammung des Abendlandes gegenüber nichtchristlichen Kulturen. Es geht um Ehrlichkeit und das Eingeständnis, dass der christliche Mythos, historisch großdimensional gesehen, wirkungslos war und dass sich dieser Kulturkreis die Auszeichnung »christlich« zu Unrecht an die Brust heftet. Gewiss, ästhetisch hat das Christentum mit den Kathedralen, Riten und Festen seine Spuren hinterlassen. Die Institution Kirche hat in Kollaboration mit der Machtelite eine ebenso gewichtige wie unrühmliche Rolle gespielt; und die Verheißung jenes Jesus von Nazareth hat sicher zur Befriedung der Massen beigetragen. Aber der Kern seiner Botschaft kam politisch und gesellschaftlich niemals zum Tragen.

Das Fehlen jeglicher Scham – gepaart mit einem falschen Stolz auf die vermeintlich »christlichen Werte«, die meist nur wenig konkret definiert werden – kann man nur als Zeichen von Ignoranz und Arroganz deuten. Selbstzweifel wären angebracht. Zur Aufarbeitung dieser Geschichte wäre kein Kniefall nötig. Wichtiger als Schuldbekenntnisse wäre das Eingeständnis, dass das christliche Abendland nicht besser und nicht schlechter war als alle anderen Kulturen vor und nach der Zeitenwende.

Das, worauf das Abendland samt Ableger in der Neuen Welt zu Recht stolz sein könnte – *Säkularisation* und *Aufklärung* und die damit verbundenen philosophischen, wissenschaftlichen, technischen und auch sozialen Fortschritte – kann nicht, wie unverbesserliche Optimisten behaupten, mit dem Christentum und dessen »Werten« in Verbindung gebracht werden.

Der moderne Sozialstaat ist nicht die späte Frucht der christlichen Nächstenliebe, sondern durch Revolutionen und Streiks erkämpft. Demokratie und Menschenrechte mussten gegen den Widerstand der Kirche erstritten werden. Sie waren auch nicht Thema jenes Jesus von Nazareth. Alle Versuche, ihn für die

Ziele der Aufklärung, für Emanzipation, soziale Gerechtigkeit, individuelle Freiheitsrechte, für Umweltschutz, Nachhaltigkeit u.ä. in Anspruch zu nehmen, ihn für moderne, säkulare Utopien zu instrumentalisieren, sind vielleicht gut gemeint; sie verfehlen jedoch völlig die Intention seiner Botschaft und seines »messianischen Auftrags«, die Menschheit von der Sündenlast zu erlösen.

Auch die Frage, was Jesus heute predigen würde, ist müßig. Man kann historische Persönlichkeiten nicht in eine andere Zeit, in ein völlig verändertes historisches Umfeld versetzen und über sie spekulieren. Die utopische christliche Nächstenliebe als zeitloses, geschichtsübergreifendes Allheilmittel zur Lösung aller Probleme zu zitieren ist etwas zu einfach gedacht.

Die Aufklärung und ihre positiven politischen, sozialen und geisteswissenschaftlichen Auswirkungen mit dem Christentum zu verknüpfen ist illegitim und zudem kontraproduktiv gegenüber den nichtchristlichen Kulturen. Eines der besten geistigen »Exportgüter« des Abendlands wird so für Menschen anderen Glaubens suspekt und geradezu unannehmbar.

Der Westen kann nicht auf liberale, säkulare Verfassungen in jenen Ländern hoffen, sie gar anmahnen, und sich gleichzeitig auf die »christlichen Werte« berufen. Das ist schizophren, ein Sprechen »mit gespaltener Zunge«, und unterminiert die aufklärerischen, emanzipatorischen Kräfte innerhalb jener in Aufbruch geratenen Kulturen.

Die historische Fehleinschätzung und illusionäre Selbstdefinition erklären auch den wohlwollenden bis opportunistischen Umgang einiger westlichen Staaten mit der Institution Kirche. Die Trennung von Kirche und Staat wird nicht konsequent umgesetzt. Und nur zu oft wird *Religionsfreiheit* mit einer an Wehrlosigkeit grenzenden Toleranz auch gegenüber Religionen verwechselt, die den modernen, säkularen Verfassungen widersprechen und auf ihren Vorstellungen von Recht und Gesetz beharren.

Im Abwehrkampf gegen religiös begründete Bedrohungen von außen werden hierzulande falsche Fronten aufgebaut. Die Front zwischen Christentum und nichtchristlichen Konkurrenzreligionen ist eigentlich obsolet, etwas für ewig Gestrige. Die derzeit entscheidende Front verläuft zwischen säkularer Neuzeit und religiös geprägter Vergangenheit.

Dieser Konflikt zwischen säkularem und transzendentalem Weltbild wird nicht wirklich thematisiert. Es herrscht ein merkwürdiges Stillhalteabkommen. Selbst ansonsten kritische Intellektuelle enthalten sich opportunistisch, resigniert oder gleichgültig der Stimme. Manche entdecken gar das existenzielle Bedürfnis des Menschen nach Religion, sprich: transzendentalen Mythen, wieder, unter anderem auch als vermeintlichen Garanten für Sinngebung, Sitte und Moral.

Und so stellt sich denn das Nachfolgekonglomerat des christlichen Abendlandes als schizophrener Zwitter aus Mittelalter und Neuzeit dar. Man rühmt sich seiner »christlichen Wurzeln« und hat sich doch längst den Segnungen des säkularen Mythos »Markt« hingegeben. Das sollte nicht verwundern. Der Mensch steht immer als Folge seiner historischen Dimension mit einem Bein in der Vergangenheit. Sie ist tief eingegraben in sein Bewusstsein.

Da überrascht es auch nicht, wenn z. B. Monarchie und Demokratie fröhlich vereint durch die Geschichte

flanieren, wenn naive Menschenkinder ihrem Prinzen-
paar bei der »Märchenhochzeit« zujubeln. Und selbst
fortgeschrittene Demokratien benötigen anscheinend
als Repräsentanten einen Ersatzkönig, den in einem
Schloss logierenden Staatspräsidenten, dessen Worten
das gemeine Volk andächtig lauschen kann und der
ihm die »nationale Identität« verleiht. Bewusstseinsentwicklung findet offensichtlich nicht in klar abge-
grenzten Schritten, sondern in einem zähflüssigen
Überblendverfahren statt.

5. Perspektiven – Mythos und Evolution

Kampf der Mythen

Die Lage ist so differenziert und widersprüchlich wie nie zuvor in der Menschheitsgeschichte. Kulturen und ihre Mythen stehen durch den globalen Vergleich in einem permanenten Konkurrenz- und Abwehrkampf. Innerhalb der Kulturen tun sich Risse auf. Die christlichen Kirchen klagen über den Mitgliederschwund, dann wiederum hoffen sie auf die »Wiederkehr der Religion«.

Die Transzendenz hat sich teilweise verflüchtigt, teilweise in die Esoterik gerettet. Doch selbst wenn die transzendentalen Mythen allmählich ganz aus dem Bewusstsein verschwinden, es ist nicht das Ende der Mythengeschichte. Der Mythos als eine über die Gegenwart hinaus in eine vermeintlich andere, bessere Welt oder Zukunft weisende Vorstellung erscheint nur in neuen, zeitgemäßeren Inkarnationen.

Die Tendenz von den religiösen hin zu den säkularen Mythen nimmt weltweit zu. Politische Ideologien oder Utopien haben die Nachfolge der transzendentalen Heilsmythen angetreten. Der derzeit erfolgreichste, beinahe weltweit herrschende säkulare Mythos ist der *Kapitalismus*, die *Marktideologie*. Er deutet das Weltgeschehen als einen einzigen, riesigen Markt. Paradies und Moral sind vorgegeben.

Der Weg ins Konsumparadies führt über die Leistungsmoral. Höhere Mächte, sprich: Investoren und Finanzmärkte, und die »Kauflaune« des Bürgers bestimmen über Wohl und Wehe. Identität und Selbstbewusstsein stiften die »Marken«, die man sich leisten kann. »An ihren Marken werdet ihr sie erkennen!«, lautet die Botschaft.

Eine gigantische Unterhaltungsindustrie kämpft gegen die Langeweile an und versucht, den Mangel an realem Leben aufzufüllen. Die Wirtschaft hält permanent Ausschau nach »neuen Märkten«. Und selbst die geistig ästhetischen, künstlerischen Aktivitäten haben sich willig den Gesetzen des Marktes unterworfen. Von dort her beziehen sie ihren Wert, der nur ein »Marktwert« sein kann.

Die Reaktionen auf das banale Angebot, den krassen Materialismus und den in Richtung Beliebigkeit tendierenden Individualismus sind klassisch. Die einen reihen sich fröhlich ein in die Schar der gläubigen Konsum- und Leistungsbürger, die anderen wenden sich angeödet ab, verweigern sich oder betreiben den Rückzug in »spirituelle« Glaubenswelten.

Je radikaler die innere Abwehr, desto mehr nähern sie sich den fundamentalistischen Ausformungen der überkommenen Mythen an. Religiös begründeter Terror ist der extreme Zielpunkt des verführten oder enttäuschten, in irgendeiner Weise Ausgeschlossenen oder in die Enge Getriebenen. Bereit zum Märtyrertod winkt ihm als Lohn für seinen Einsatz im »Heiligen Krieg gegen die Ungläubigen« das Jenseitsparadies.

Eine merkwürdige Diskrepanz ist allerdings bei religiös geprägten, nichtchristlichen Kulturen zu beobachten. Sie verachten den »dekadenten« Westen wegen dessen Materialismus und Sittenverfalls und beneiden ihn gleichzeitig um den materiellen Wohlstand und den Vorsprung in Wissenschaft und Technik; und nicht zuletzt, wenn auch nur heimlich, um die Freiheiten des Individuums hinsichtlich Moral und Lebensgestaltung, die ihm Säkularisation und Aufklärung gebracht haben.

Gerade die junge Generation wünscht sich ein ganz normales Leben ohne religiöse und moralische Bevormundung durch die Hierarchien.

Dort blutige Auseinandersetzungen innerhalb der Religion und rigorose Abwehrkämpfe gegen säkulare Strömungen – hier das Nebeneinander von unverhohlener Diesseitigkeit und leise verglimmender Transzendenz. Deren Reste schimmern noch durch in Ritualen, wie Hochzeit und Beerdigung, oder an museal folkloristischen kirchlichen Feiertagen.

Es sind sentimentale Hybridbildungen aus Tradition und Moderne, ähnlich dem kuriosen Konstrukt der »konstitutionellen Monarchie«. Faktisch herrscht, von Vertretern der unterprivilegierten Minderheit abgesehen, die gläubige Hingabe an den Heilsmythos *Markt*.

Zwischenzeitlich werden jedoch auch aus einem weiteren Umfeld kritische Stimmen gegenüber dem »Raubtierkapitalismus« laut. Zweifel an dem bisher so erfolgreichen System melden sich an. Wieder geht es um die Rettung oder den Fall eines liebgewordenen Mythos. Der Kampf zwischen der gewohnten und damit »selbstverständlichen« Vergangenheit und einer ungewissen, sich andeutenden Zukunft geht weiter.

Das eigentliche Problem, die Ursache der Konflikte dürfte die *Ungleichzeitigkeit der Bewusstseinsentwicklung* sein. In früheren Zeiten waren die Kulturen samt Mythen geografisch isoliert und in sich homogen. Das hat sich durch die globale Kommunikation radikal geändert. Die Ungleichzeitigkeit der Weltbilder ist sowohl inter- als auch intrakulturell wirksam.

Von dieser »Zerrissenheit« bleibt auch das Individuum nicht völlig verschont. Vergangenheit lässt sich nicht einfach abstreifen. Die prägende Kindheit wirkt machtvoll ins Erwachsenenalter hinein. Und oft genug fällt es schwer, sich von den Märchen und Phantasmen der Kindheit zu lösen. Allzu verführerisch sind sie, die Heils- und Heile-Welt-Versprechen. Und, sie treten in immer neuem Gewande auf.

Plädoyer für die Mythen

Die Mythen, ob transzendental oder säkular, üben anscheinend eine unwiderstehliche Anziehungskraft aus. Wie also mit ihnen umgehen, wie sie beurteilen? Haben sie trotz ihres obligatorischen Scheiterns in der Geschichte ihre Berechtigung, einen Sinn? Braucht der Mensch solche »Erzählungen«? Was ist ihr gemeinsamer Nenner? Welchen Nutzen haben sie noch in der so kühlen, scheinbar rationalen Gegenwart? Was von ihnen könnte in einen neuen, zeitgemäßeren Mythos hinübergerettet werden?

Mit Arroganz, bloßer Skepsis oder Verdammung ist es nicht getan. Wie könnte ein Plädoyer für die Mythen aussehen? Sind sie vielleicht gar nicht des Teufels? Müssen sie nur neu gedeutet werden?

Sind die Versuche einiger Intellektueller, die Moderne als *postideologisch*, *postutopisch*, *posthistorisch*, *postreligiös* oder *postsäkular* zu bezeichnen, einfach nur kurzsichtig? Übersehen sie womöglich den eigentlichen Kern des Mythos und die schier unerschöpfliche Kraft, die sich hinter all diesen Versuchen des menschlichen Geistes verbirgt?

Das *Pro* ist leicht anzustimmen. Der Mythos versucht, Antworten auf die existenziellen Ängste und Wünsche zu finden. Für ihn spricht sein Streben nach etwas »Höherem«, wider die Enge und Begrenztheit des gewöhnlichen Lebens. Es ist die Neugier, die Sehnsucht nach Ausweitung, nach dem Überschreiten von Grenzen, das den Menschen seit jeher antreibt.

Der Auszug aus dem afrikanischen Ursprungsland, vom jüdisch-christlichen Mythos als »Vertreibung aus dem Paradies« bezeichnet, markierte den Beginn der Welteroberung, eines Unternehmens, das nicht nur den Körper, sondern auch den Geist, das Bewusstsein des Menschen herausforderte. Doch der Weg »über den Horizont hinaus« war mühsam.

In dem frühen Stadium der Abhängigkeit und Unwissenheit, des ohnmächtigen Ausgeliefert-Seins an eine in vieler Hinsicht unheimliche Welt, traute der Mensch sich alleine die Verbesserung seiner Lage nicht zu und setzte seine Hoffnung auf höhere, außerirdische Mächte. Auch konnte er sich mit der Tatsache der *Endlichkeit* nicht abfinden. Der Tod war für ihn eine stetige Bedrohung, unvorstellbar für uns, die wir in geschützten Räumen leben.

Jeder Mythos verspricht den Weg in irgendeine Form von »Unendlichkeit«, jenseits der gegenwärtigen Möglichkeiten. Das *Jenseits des Hier und Jetzt* –

der *Himmel* als Symbol eines unendlichen Raumes und das *ewige Leben* als Symbol unendlicher Zeit – ist der Stoff, aus dem die Mythen sind. Die Unendlichkeit ist das Terrain der Götter, das der Mensch betreten will.

In letzter Konsequenz steckt hinter jedem die Gegenwart überschreitenden Mythos der *Gottesmythos*. Er stellt die Summe der menschlichen Träume dar. Seine klassischen Attribute sind *Allmacht, Allwissenheit, Allgegenwart* und *Unsterblichkeit*.

Was in frühen Mythen bewundert, verehrt und nur den Göttern in einer jenseitigen Welt zugestanden wurde, hat der Mensch im Lauf der kulturellen Evolution auf sich selbst zurückprojiziert. Er nähert sich seinem Ziel mit zunehmender Effektivität und Geschwindigkeit. Sein ständig wachsendes Wissen, technisch umgesetzt in allen Bereichen des Lebens, hat seine kreative und destruktive Macht ungeheuer erweitert. *Allwissenheit* und *Allmacht* rücken in greifbare Nähe.

Und auch der göttlichen *Allgegenwart* nähert er sich per digitaler Vernetzung und globaler Kommunikation mit Riesenschritten. Nur mit der *Unsterblichkeit* hapert es trotz erstaunlicher Fortschritte der statistischen Lebenserwartung noch. Für Optimisten ist auch hier das letzte Wort nicht gesprochen.

Dem frühen Menschen waren all diese Möglichkeiten nicht vorstellbar. Er *musste* das Potential, das seinem Bewusstsein verborgen in ihm schlummerte, auf Wesen in einer anderen Welt übertragen.

Der Weg von der »Kreatur« zum »Kreator« wäre ohne das im Homo sapiens angelegte Potential nicht möglich gewesen. Potentiale sind dazu da, entwickelt und »ausgelebt« zu werden. Man könnte sie in der Bildsprache des Mythos als »Auftrag« betrachten.

Wenn auch nicht von einer höheren Instanz verordnet, sind sie doch wirksam als innerer Impuls, als elementarer Antrieb. Wer seine Potentiale nicht ausschöpft, hat am Ende fast so etwas wie ein schlechtes Gewissen sich selbst gegenüber. »Was hast du aus deinen Möglichkeiten gemacht?«, lautet die Frage, die sich so mancher in seinen letzten Tagen stellt.

Die kulturelle Evolution, deren Beginn in der Bibel mit der Sünde, vom »Baum der Erkenntnis« zu essen, gleichgesetzt wird, ist nicht der Verführung Satans und einem »Sündenfall« geschuldet, sondern im Menschen angelegt. Ihre Verwirklichung wird durch die Mythen in dem Widerstreit zwischen Können und Dürfen, zwischen der Verlockung der neuen Möglichkeiten und der Angst davor, teils befördert, teils blockiert.

Die Gewichte zwischen dem demütigen Hoffen auf die Hilfe jenseitiger Mächte und dem eigenmächtigen, experimentierenden Handeln verschieben sich sukzessive. Mit jedem Schritt nach vorn entfernen sich die Mythen ein Stück weiter von ihren anfänglichen Vorstellungen. Im Grunde widerspiegeln sie nur den jeweiligen Entwicklungsstand des Homo sapiens auf dem Weg der Evolution. Sie erzählen, wovor er sich fürchtet, was er sich erhofft, was er erwartet und was er sich zutraut, der Mensch »seiner« Zeit.

Parallel zu emotionaler Erhebung, Glücksversprechen, Motivation und Zukunftsperspektive leistet der Mythos mit den von ihm aufgestellten moralischen Ge- und Verboten einen Beitrag zur zivilisatorischen Zähmung des Homo sapiens.

Dieser kann ja seine kreatürliche Vergangenheit nicht völlig verleugnen. Sie bleibt ein ewiger Stolperstein auf dem Weg »nach oben«, in eine sublimere und differenziertere Lebenswelt. Von den Tabus der Frühzeit über die »Zehn Gebote« bis zum modernen bürgerlichen Gesetzbuch führt ein und derselbe Weg.

Ob Heilige Schriften oder eine säkulare Verfassung das Zusammenleben regeln – immer sind Vorstellungen einer möglichst vollkommen funktionierenden, befriedeten und harmonischen Gesellschaft am Werk. Es sind utopische, aber die Entwicklung vorantreibende Entwürfe.

Die fatalistische Selbstbescheidung und Akzeptanz der jeweils gegenwärtigen Zustände, der »Realitäten«, würden die Evolution zum Stillstand bringen. Sie würden in eine lähmende Depression führen.

Was wäre der Mensch ohne Hoffnung auf eine »offene« Zukunft, ohne Sehnsucht nach einem »besseren« Leben? Die Offenheit für scheinbar Unmögliches, das Versprechen einer besseren, geradezu »göttlichen« Zukunft macht die Kraft und den Charme der Mythen aus.

Das Problem der Mythen

Mythen haben ihre positive Wirkung; einiges spricht für sie. Sie gaben und geben dem Menschen etwas, das er anscheinend braucht. Doch was ist der Preis für ihr Heilsversprechen? Worin liegt das Problem der Mythen? Was spricht gegen sie, was sind ihre Schattenseiten, ihre Schwächen?

Das Hauptproblem dürfte sein: Mythen sind *Momentaufnahmen der kulturellen Evolution*. Gerade die religiösen Mythen sind von ihrem Ursprung her geografisch und historisch eingegrenzt auf *ihren* Raum und *ihre* Zeit. Sie konzentrieren sich auf *ihren* Wirkungskreis, sehen die eigene Gruppe im Zentrum der Wirklichkeit und der göttlichen Aufmerksamkeit. Als vom eigenen Gott »auserwählt«, beurteilt man die Anderen, die Fremden, als Barbaren und Ungläubige.

Unfähig zur Selbstrelativierung tendiert der transzendentale Mythos zu dem Anspruch, im Besitz der »absoluten Wahrheit« zu sein. Diese kulturelle Beschränktheit und Selbstverabsolutierung – *christliches Abendland, islamischer Orient...* – verhindern zunächst den neugierig fragenden Blick auf andere, alternative Weltbilder. Im Zuge der eigenen politischen Machterweiterung kommt oft genug der vermeintlich gottgegebene Auftrag hinzu, die anderen Kulturen friedlich oder gewaltsam zu missionieren, sie mit dem eigenen Mythos zu »beglücken«.

Die monotheistischen Offenbarungsmythen pflegen zwangsläufig ein exklusives und statisches Weltbild. Die Quelle der transzendentalen Offenbarung, der *eine* Gott des Universums, kann nur *eine* Wahrheit verkünden. Die Offenbarung der Heilswahrheit kann historisch nur *einmal* erfolgen, und sie muss *für alle Zeiten* gültig sein. Die Duldung von Unterschieden, Widersprüchen und Wandel des Weltbildes würde die Autorität der Offenbarung unterminieren.

Mit ihrem Anspruch auf Eindeutigkeit und Unveränderlichkeit geraten die Mythen unweigerlich in den Clinch mit der Evolution des menschlichen Bewusstseins. Beharrend auf ihrer Wahrheit und ewigen Gültigkeit werden sie unmerklich zu Bremsklötzen der Geschichte.

Man kann ihnen ihr statisches Weltbild nicht verdenken. Wurden sie doch von Dichtern, Propheten und Erleuchteten geschrieben, die keine Ahnung von der Evolution des Menschen hatten. Sie waren gefangen in der Bilder- und Vorstellungswelt ihrer Zeit. Das schmälert nicht ihre Leistung, ihren Versuch, die Welt zu deuten; aber es relativiert sie.

Für die Autoren des Alten Testaments hörte die Schöpfung am »sechsten Tage« auf. Sie konnten sich nicht vorstellen, dass sich die Menschwerdung über Jahrtausende hinzog; dass die »ersten Menschen« in dem Halbdunkel ihres erwachenden Bewusstseins zu einer Sünde im Sinne einer bewussten und freien Entscheidung gar nicht fähig waren. Selbst heute lässt sich über die »Macht des Bewusstseins« und den »freien Willen« trefflich streiten. Kein Grund für gläubige Christen, an dem Erbsündemythos als Begründung der Erlösungsbedürftigkeit des Menschen zu zweifeln. Denn ohne ihn wäre der christliche Heilsmythos Makulatur.

Auch die Abfolge der Mythen – vom Ahnenkult über Geister-, Dämonen- und Götterglaube bis hin zu dem alles überragenden *einen* Gott des Monotheismus als Höhepunkt und Abschluss – zeigt eine Evolution der Transzendenzvorstellungen. Der *eine* Gott »emanzipierte« sich von der widersprüchlichen, chaotischen Götterwelt der Vorgängermythen und setzte sich damit »absolut«. Ganz ähnlich erfolgte die emanzipatorische Befreiung des Menschen von dem unterwürfig transzendentalen hin zu einem selbstbewussten, säkularen, human begründeten Weltbild.

Auch diese Entwicklung unterlag ideologischen und utopischen Irrungen und Wirrungen. Und sie ist längst nicht an ein befriedigendes Ende gelangt. Im Gegenteil. Der moderne, säkulare Heilsmythos *Markt* oder *Kapitalismus* ist ins Wanken geraten und wird immer heftiger infrage gestellt. Auch er muss sich, wenn er nicht an seiner Selbstverabsolutierung scheitern will, einem evolutionären Wandel unterwerfen oder einem neuen Mythos weichen.

Ein weiteres Problem stellt die praktische Lebensgestaltung dar. Die Botschaft der Mythen beinhaltet nur zu oft eine *restriktive Moral* und eine *vage Zukunftsperspektive*. Die Gläubigen schwanken zwischen illusorischen Hoffnungen und einem demütigenden Sündenbewusstsein. Der *Preis* der christlichen »Frohen Botschaft« ist die Verengung von Leben auf ein übernatürliches Ziel. Das kann nur auf Kosten einer natürlichen Befriedigung gehen.

Die christliche Sinndeutung und geforderte Moral jenseits der vielen Möglichkeiten und Dimensionen des Lebens sind ähnlich den auf Leistung getrimmten Forderungen und auf Konsum verkürzten Versprechen der Marktideologie keine guten Voraussetzungen für Optimismus und Lebensfreude. Religion und Lebenskunst sind denn auch selten ein harmonisches Paar.

Der von manchen Mythen propagierte *Fatalismus*: »Gott wird es richten… der Herr hat es gegeben, der Herr hat es genommen…« trägt nicht gerade zu einer aktiven Gestaltung der eigenen Möglichkeiten bei, geschweige denn zu Widerstand und zum Kampf um die Rechte des Individuums. Die leicht blasphemisch klingende Volksweisheit: »Hilf dir selbst, so hilft dir

Gott!« drückt den Zweifel an der Hilfe »von oben« auf wunderbar ironische Weise aus.

Das Bittgebet wurde und wird offensichtlich durch die tägliche Erfahrung konterkariert. Der in Not geratene Gläubige sieht sich bei der Lösung seiner Probleme »von Gott verlassen«, im Klartext: auf sich selbst gestellt.

Am problematischsten aber ist die Möglichkeit der *Instrumentalisierung* der Mythen von Seiten der politischen und religiösen Eliten. Nach innen dienen sie zur Stabilisierung der Hierarchien, Kasten und Klassen, nach außen liefern sie die idealen Vorgaben für Feindbilder. Als ideelle Spaltpilze erleben die konkurrierenden Mythen gerade heute wieder eine Renaissance.

Sollen die Konflikte, hinter denen meist reine Machtinteressen stehen, nicht in Kriegen oder Terror enden, müssen die Mythen auf das reduziert werden, was ihr ursprünglicher Sinn war: die Welt zu erklären, eine positive Zukunftsperspektive zu entwickeln und das Zusammenleben zu regeln.

Letzteres können die transzendentalen Offenbarungsmythen mit Absolutheitsanspruch nicht leisten. Deren Vertreter sind weder zu einer *theologischen* noch zu einer *ethischen* »Ökumene« fähig. In der heutigen, globalisierten Welt sind kulturübergreifende, humane, für jedermann nachvollziehbare Lösungen gefragt.

Neudefinition der Mythen

Wie kann man die positive Kraft des Mythos, dessen Faszination in die heutige und eine zukünftige Lebenswirklichkeit hinüberretten? Vermutlich geht es um eine Neudefinition des zentralen Begriffs »Transzendenz«. Der transzendentale Aspekt, der Antrieb zum »Höheren« und »Besseren«, lässt sich, wie schon beschrieben, auch als das evolutionäre Überschreiten der Gegenwart und ihrer Möglichkeiten deuten. Solange die Potentiale des Homo sapiens nicht ausgeschöpft sind, wird er die Grenzen der Gegenwart in eine scheinbar unendliche Zukunft »transzendieren«. »Transzendenz« einmal anders als gewohnt gedeutet: als das vielversprechende »Jenseits der Gegenwart«.

Im Gefolge der säkularen Interpretation von *Transzendenz* lassen sich auch elementare Begriffe des Mythos wie *Sinn*, *Sünde*, *Moral*, *Erlösung* und *Paradies* ohne Zuhilfenahme göttlicher Offenbarung und ohne Bezug auf eine »andere Welt« diesseitig und einleuchtend deuten.

Sinn entsteht aus einem als sinnvoll empfundenen Leben, aus dem Zusammenspiel von Angebot und Nachfrage. Wenn das, was im Menschen an individuellen und sozialen Möglichkeiten angelegt ist, annähernd ausgelebt werden kann, hat dieses Leben einen Sinn. Aus einer überindividuellen, auf das Ganze bezogenen Sicht erhält sogar das gemeinhin als »sinnlos« Empfundene als logisch notwendiger Gegenpol des Sinns »seinen Sinn«.

Sünde wäre das Vergehen wider die jeweils gültigen Regeln und Gesetze der Gesellschaft. Das Gute und das Böse müssen vom Menschen, nachdem er nun einmal vom »Baum der Erkenntnis von Gut und Böse« gegessen hat, immer wieder neu ausgehandelt werden. Zur Verantwortung zieht nicht eine jenseitige Macht, sondern das eigene Gewissen, ein durchaus fragwürdiges, beliebig formbares Instrument, und die Gesellschaft. Sie legt ihre »Gesetzesmoral«, die Regeln des Zusammenlebens entsprechend ihren Wertvorstellungen fest.

Diese Wertvorstellungen können sich, wie in der Sexualmoral schon öfters geschehen, im Lauf der Geschichte durchaus ändern. Ehebruch, unter dem christlichen Aspekt des »Sakraments« eine Sünde, die in die Verdammnis führt, mag heute von dem Betrogenen zwar als Enttäuschung oder Verletzung empfunden werden. Er wird jedoch kaum erwarten, dass sein untreuer Partner in der Hölle landen wird. Das transzendentale Damoklesschwert eines beobachtenden, strafenden Gottes oder des Jüngsten Gerichts hat sich aus dem Bewusstsein des Modernen verflüchtigt. Strafe, Sühne oder Rache erwartet er bestenfalls im Diesseits.

Mit »Erlösung« und »Paradies« geht der Säkulare, der sich an menschlichen Maßstäben orientiert, bescheidener um als der christliche Mythos. Auf Erlösungsutopien und Heilserwartungen verzichtet er. Nicht nur aus Realitätssinn. Er sieht das Leben als eine Kette von »kleinen Erlösungen«. Die große, finale Erlösung, insbesondere von dem »Übel des Alterns«, des körperlichen und geistigen Verfalls, stellt für ihn der Tod dar.

Wider alle kreatürlich bedingten Ängste könnte man den Tod die »natürliche Erlösung von allem Übel« nennen. In dem Begriff *Erlösung* schwingt ohnehin eher die Vorstellung von einem Ende als von einem Neuanfang mit. Diese illusionslose und doch positive Interpretation nimmt dem Tod und der Endlichkeit, dem Urproblem des Menschen, seinen Schrecken; vorausgesetzt natürlich, das Leben wurde gelebt.

Und was ist mit den Unglücklichen, den Zu-kurz-Gekommenen, den Leidenden, den Gescheiterten?[9] So bitter es klingen mag: Sie zahlen den Preis für das Glück der anderen. Gewiss, das ist alles andere als gerecht. Aber diese Welt ist nicht das Werk eines auf Gerechtigkeit bedachten Schöpfers. Es gibt kein natürliches Recht auf Gleichheit, Gesundheit, Glück und Gelingen.

Die von den unglücklich Betroffenen als empörend empfundene elementare Ungerechtigkeit ergibt sich – wie alle »Un«-Wörter, alles Negative – aus der *Logik der Polarität*, der das gesamte Universum unterworfen ist und die wir nicht ändern können. Eine andersartige Welt wäre für uns auch nicht vorstellbar. *Glück* ist ohne *Unglück*, *Leben* ist ohne *Tod* nicht denkbar. *Positiv und Negativ bedingen sich gegenseitig.* So und nicht anders ist diese Welt konzipiert.[10]

Das von dem christlichen Mythos versprochene glückliche Ende inklusive Unsterblichkeit in einem Paradies, wo Wolf und Lamm friedlich nebeneinander lagern – quasi als nachträgliche Korrektur der Schöpfung hin »zum Guten« – erscheint angesichts der Realitäten als eine etwas wohlfeile Hoffnung. Wer sie sich erhalten will und kann, dem sei sie nicht genommen.

Diese Wunschvorstellung verkennt allerdings das menschliche Bedürfnis nach Kontrast. Paradiesische

Augenblicke, wo alles zu stimmen scheint, ja! Als Dauerzustand wäre lupenreines Glück jedoch langweilig bis unerträglich.

Angetrieben von der Neugier und Unersättlichkeit des menschlichen Geistes, ständig auf der Suche nach neuen Möglichkeiten, letztlich aber an den utopischen Erlösungsmodellen immer wieder scheiternd, erweist sich die Geschichte der Menschheit nicht als *Heilsgeschichte*, sondern als *Entwicklungsgeschichte*, als Aufstieg von primitiven Anfängen zu differenzierteren, sublimeren, »reicheren« Lebensformen und Lebensentwürfen.

Ein Fortschrittsglaube, der sich auf die Evolution beruft, hofft denn auch nicht auf eine heile, von allem Negativen erlöste Welt. Das würde die Auflösung des Universums und dessen Gesetze bedeuten. Er bedeutet auch nicht das unkritisch euphorische Fortschreiten in das »Alles ist möglich!"«, in die Unendlichkeit des Gottesmythos, auch wenn sich der Mensch ihm immer mehr anzunähern scheint. Er bedeutet nicht mehr und nicht weniger als das Ausloten der angelegten Möglichkeiten.

Das evolutionäre Potential ist eine Chance, die zum Erfolg – nicht zu verwechseln mit »Heil« – führen kann, nicht muss. Es bedarf keiner Heilsbringer oder Propheten. Die Dinge entwickeln sich beinahe wie von selbst. Neue Verknüpfungen, »Synapsen«, neue Sichtweisen auf die Welt entstehen im Lauf der Geistesgeschichte. Sie müssen »nur« verbal ins Bewusstsein gehoben werden, um die vorangegangenen Mythen abzulösen.

Wohl und Wehe des Menschen werden von seiner Anpassungsfähigkeit an die Veränderungen abhängen, von seinen jeweils neu zu erfindenden Mythen, die sich nach dem Prinzip »Trial-and-Error«, Mutation und Selektion, bewähren oder nicht. Mythen entstehen und Mythen vergehen.

Die Entwicklung des Bewusstseins und der daran geknüpften Weltbilder des Homo sapiens verläuft nach dem bewährten Muster der physikalisch-chemischen und biologischen Evolution. Auch hierin bildet der Geist keine Ausnahme gegenüber der Materie, wenn man diese beiden entgegengesetzten Pole der Wirklichkeit überhaupt trennen will.

Nicht die Einhaltung von vermeintlich göttlichen Geboten wird den Fortbestand der Menschheit garantieren, sondern das ausgesprochen menschliche Gebot der Klugheit, die Fähigkeit, die Folgen des eigenen Handelns vorausschauend zu beurteilen und der Versuchung zu widerstehen, momentane Erfolge, Systeme oder Weltbilder zu verabsolutieren. Der fortschreitende Grad der Reflexion und Selbstreflexion wird über Sein oder Nichtsein entscheiden. Er ist ein Indikator für den Entwicklungsstand des menschlichen Bewusstseins. Auch in dieser Hinsicht dürfte die Evolution noch lange nicht am Ende sein.

Strategien und Ziele

Dem Individuum und den einzelnen Kulturen mag in einem begrenzten Bereich jeglicher Mythos zugestanden sein. Eine weltanschaulich differenzierte Gesellschaft oder gar Weltgemeinschaft muss sich jedoch auf allgemeinverständliche, intellektuell und emotional nachvollziehbare Kriterien des Zusammenlebens einigen. Mythisch begründete, oft rigide und widersprüchliche Anweisungen »von oben« aus einer fernen Vergangenheit helfen nicht weiter. Im Gegenteil. Mit ihrem Anspruch auf absolute Wahrheit spalten sie die Gesellschaft. Im Abwehrkampf gegen die emanzipatorischen Entwicklungen errichten sie nur zu oft diktatorische Systeme.

Der im Ansatz »aufgeklärte« Westen, das ehemals christliche Abendland und seine Ableger, haben unter heftigen Geburtswehen und blutigen Auseinandersetzungen den Schritt vom »Gottesstaat« zum »Menschenstaat« vollzogen. Dessen Verfassungen, wenn auch oft noch mit einem sentimentalen Gottesbezug versehen, garantieren dem Individuum Rechte und Freiheiten, die ihm von den Hütern der transzendentalen Mythen nicht gewährt wurden. Kein Wunder, dass es beim Zusammenprall der säkularen mit religiös orientierten Kulturen zu anscheinend unüberwindlichen Konflikten kommt.

Wie aber umgehen mit den Konflikten, die sich aus der Ungleichzeitigkeit des menschlichen Bewusstseins und seiner Mythen entstehen? Wenn Vergangenheit auf Gegenwart, wenn Gegenwart auf Zukunft trifft?

Die moderne Gesellschaft hat sich auf einen Balanceakt zwischen Toleranz und Gegenwehr verständigt, der Risiken in sich birgt. Das tolerante, an plurale Vielfalt gewöhnte, fortgeschrittene Bewusstsein ist immer in Versuchung, das Gegenüber zunächst einmal gewähren zu lassen. Da es keine Selbstverabsolutierung zelebriert, hat es auch kein Bedürfnis, die in der eigenen Wahrnehmung als rückständig empfundenen Andersdenkenden, zu missionieren, sprich: »Aufklärung« zu betreiben. Vielleicht ein Fehler.

Nur zu oft setzt man in einer Art »weichgespülten« Toleranz auf Konsens per Dialog und hofft auf die fortschrittlichen Kräfte innerhalb der in den Mythen der Vergangenheit verfangenen Kulturen. Hat sich doch auch das »aufgeklärte« Christentum in mancher Hinsicht mit der Moderne arrangiert und teilweise liberalisiert.

Es bleibt jedoch fraglich, ob diese hoffnungsvoll abwartende Haltung genügt. Kritische, warnende Stimmen sind selten. In den politisch korrekten Medien und Intellektuellenkreisen übt man sich in äußerster Nachsicht und Wohlwollen selbst gegenüber Weltanschauungen, denen eine ähnlich tolerante Haltung fremd ist.

Auch an manchem modernen, säkularen Staat gäbe es einiges zu verbessern. Die konsequente Trennung von Kirche und Staat wäre angesagt. Anstatt jegliche Privilegien der Kirchen abzuschaffen, biedern sich die Vertreter des Staates mit Blick auf das anvisierte Wählerpotential nur zu oft auf kirchlichen Veranstaltungen an.

Fragwürdiger noch ist die Anbiederung an Mythen, die mit den Werten der eigenen Verfassung nicht oder nur dank fragwürdiger Uminterpretationen in Einklang zu bringen sind.

Das ist nicht Toleranz, sondern Kniefall vor den ihr uneingeschränktes »Recht auf religiöse und kulturelle Identität« einfordernden Vertretern überkommener Mythen. Denselben Kniefall allerdings praktizieren die Mächtigen auch vor dem säkularen, auf Ökonomie verkürzten Heilsmythos der Moderne, der

Marktideologie. Gebetsmühlenhaft wiederholen sie ihr Glaubensbekenntnis, auch wenn das System zu bröckeln beginnt und in eine gefährliche Schieflage geraten ist. Auch hier ist es das heimliche, unheilige Bündnis zwischen den Eliten des Mythos und der Macht, das die herrschenden Zustände festzuzurren versucht.

Unterstützt wird der geistige Stillstand durch die Trägheit und mangelnde Angriffslust der intellektuellen Elite. Sie hat den fragwürdigen Vorstellungen von *Identität* keine attraktive Alternative entgegen zu setzen, weder der unreflektierten Rede von den vermeintlich »christlichen Werten« und »christlicher Orientierung« noch dem platten Materialismus des auf Konsumlaune reduzierten Wohlstandsbürgers und dessen »Markenidentität«.

Die christlichen Kirchen und ihre Pendants in den anderen Kulturen fungieren weiterhin als verkrustete Machtapparate, welche die Entwicklung der Gesellschaft retardieren. Unter ihrem Einfluss vernachlässigt der Staat gegenüber dem »Recht der Eltern auf religiöse Erziehung ihrer Kinder« seine Pflicht zur neutralen Vermittlung unterschiedlicher Weltanschauungen.

Stattdessen unterstützt er in Anbiederung an die Religionen deren Ausbildungsstätten und einen Religionsunterricht, der längst aus den öffentlichen Schulen verbannt und der Verantwortung der jeweiligen Kirchen übergeben werden müsste. Ganz zu schweigen von den staatlich finanzierten Kindergärten, Krankenhäusern und sozialen Einrichtungen unter kirchlicher Obhut. Das soziale Engagement der Kirchen, das ihnen nicht abgesprochen sein soll, wäre übrigens wesentlich überzeugender ohne staatliches Sponsoring.

Es geht nicht um die totale Ausmerzung eines überkommenen Mythos im Sinne eines Kulturkampfes. Nicht Bildersturm noch Hetze ist angesagt. Toleranz gegenüber der eigenen Vergangenheit zeichnet den Aufgeklärten aus. Seine Kindheit kann ohnehin kaum einer vollkommen abstreifen.

Auch wenn das Erscheinungsbild des christlichen Abendlandes dank Architektur, Folklore, Festen und Sentimentalität von seinem Mythos eingefärbt bleibt, der Konsens der Gesellschaft kann nur noch auf dem Boden »weltlicher« Argumentation erreicht werden.

Die Kirchen, abgetrennt von politischer Macht, mögen ihre Stimmen erheben. Sie müssen sich jedoch damit abfinden, dass ihre transzendental begründeten Argumentationen kaum mehr wahr- oder ernstgenommen werden. Eine große Zahl von kirchenkritischen, aufgeklärten, eigentlich säkularen Gläubigen hat sich ohnehin von der Autorität ihrer Kirche abgewendet.

Bei aller Toleranz, das Ringen der Gesellschaft und Weltgemeinschaft um einen verbindlichen, kulturübergreifenden Mythos mit einer visionären und zugleich realistischen Zukunftsperspektive muss anders als in früheren Zeiten geführt werden. Der interreligiöse Dialog zwischen den Offenbarungsreligionen ist wegen deren Anspruch auf absolute Wahrheit unweigerlich zum Scheitern verurteilt.

Nicht weniger prekär ist der Dialog zwischen Vertretern religiöser und säkularer Weltanschauung. Um überhaupt ins Gespräch zu kommen, müsste der Gläubige den Primat des Glaubens gegenüber dem kritischen Hinterfragen aufgeben. Damit begäbe er sich auf dünnes Eis. Der Säkulare müsste sich auf übernatürlich begründete Argumentationen einlassen und könnte bestenfalls versuchen, deren humane Essenz, beispielsweise beim Thema *Ethik*, in eine für beide Seiten verständliche Sprache zu übersetzen. Solche Versuche wurden schon unternommen, bisher mit wenig Erfolg.

Vielleicht sollte man versuchen, nicht immer wieder in jene »Wahrheitsfalle« zu tappen: »Was ist wahr? Wer hat recht?«. Wir sollten uns damit abfinden, dass wir uns der Wahrheit – d.h. zu begreifen, was wirklich ist, woher wir kommen, wohin wir gehen, wie diese Welt funktioniert – nur allmählich und asymptotisch annähern. Für die »eine« und »absolute« Wahrheit sind wir Menschen zu unterschiedlich und vermutlich auch zu »unfertig«.[11]

Auch die Wahrheitssuche dürfte ein unvollendetes Projekt der Evolution des Menschen sein. Zurückhaltung ist angesagt. Christen und Säkulare sollten der Versuchung widerstehen, all den Menschen, die vor und jenseits des jüdisch-christlichen Kulturkreises oder vor und außerhalb der Aufklärung lebten und noch leben, zu sagen: »Falscher Mythos, falscher Glaube, Leben verfehlt!«

Das wäre weder ein Kompliment für den postulierten Schöpfergott, wenn er den Großteil der Menschheit in die Irre hätte laufen lassen, noch stünde es dem Aufgeklärten gut zu Gesicht, unsere Vorfahren wegen ihres »primitiven« Weltbildes zu verachten. Auch sie sind mit ihrem Leben und ihrem Glauben irgendwie zurechtgekommen. Momente des Glücks, der Zufriedenheit und eines humanen Zusammenlebens sollte man auch ihnen nicht gänzlich absprechen.

Ausblick

Was also kann das Ziel dieser Überlegungen sein? In dem Konflikt zwischen unterschiedlich geprägten Identitäten, beim Zusammenstoß ungleichzeitiger Bewusstseinsstufen – die einen transzendental, die anderen säkular ausgerichtet – besteht die vage Hoffnung auf eine allmähliche Angleichung in Richtung Zukunft. Die Annäherung eines Teils der Bevölkerung, vornehmlich der jungen Generation an eine liberale, säkulare Moderne zeigt sich derzeit in Kulturen, denen man dies nicht zugetraut hätte.

Als Reaktion darauf wehren sich einige Vertreter der überkommenen Mythen aggressiv gegen die Veränderung des Lebensgefühls. Sie finden Zulauf bei naiven Gläubigen, die bereit sind, notfalls in einem »Heiligen Krieg« als Märtyrer zu sterben, mit Blick auf das versprochene Jenseitsparadies, zumal wenn ihnen der Weg in ein befriedigendes Leben im Diesseits verwehrt ist.

Die globale Zukunftsperspektive ist nicht gerade ermutigend, eine *plurale Weltkultur* nicht in Sicht.[12] Die Konkurrenz und das Misstrauen der Machtblöcke und unterschiedlich geprägten Kulturen halten unvermindert an. Noch ist kein gemeinsamer Mythos, keine Zukunftsvision gefunden, welche die krassen Unterschiede in Macht, Wohlstand und Weltanschauung überwindet oder doch wenigstens abmildert.

Und es scheint keineswegs sicher, ob der Menschheit zur Weiterentwicklung ihres Bewusstseins soviel Zeit bleibt wie in der Vergangenheit. Dort hatte der Fortschritt dank der bescheidenen Möglichkeiten und Veränderungen Jahrtausende Zeit. Doch die Ära der Langsamkeit ist vorbei. Das Tempo der wissenschaftlichen, technischen und ästhetischen Entwicklungen steigert sich exponentiell.

Das Individuum mag sich seine Art von Erlösung an dem Ort, in der Epoche oder Dimension suchen, die ihm zusagt. Neben der Befriedigung der elementaren Bedürfnisse bieten sich auf der spirituellen oder geistigen Ebene drei Varianten an: zum einen die *mythisch-religiöse* Erlösung, mit der Hoffnung auf ein Happyend im utopischen Irgendwo; zum andern die *ästhetische,* mittels künstlerischer Bezwingung oder Neugestaltung der Wirklichkeit, abdriftend in einen immer höheren Grad virtuellen Lebens; und schließlich die *philosophische,* mit dem Versuch, die Wirklichkeit zu begreifen und sich auf das Spiel von *Akzeptanz*, *Widerstand* und *Experiment* einzulassen.

Und was wird aus der Zukunft der Menschheit? An den vergangenheitsfixierten Traditionsidentitäten festhalten und die Abgrenzung betonen oder eine interkulturelle Zukunftsidentität entwickeln, die auf Verbindungsmerkmale setzt und den weltweiten Ausgleich der Bedingungen zulässt? Das wird die Frage sein, die sich die jeweilige Gesellschaft und die internationale Völkergemeinschaft wird stellen müssen.

Beantwortbar, wenn überhaupt, wird sie nur mit einem Weltbild sein, das den »Abschied vom Absoluten« genommen hat. Ein solches Weltbild akzeptiert die polare, ambivalente, antagonistische Grundstruk-

tur der Welt. Es verzichtet auf jegliche Verabsolutie-
rung und auf Erlösungsutopien der metaphysischen
oder säkularen Art.

Das Zusammenleben regelt es nach humanen, d.h.
menschlich nachvollziehbaren Maßstäben. Mit den
Mythen der Vergangenheit geht es nachsichtig wie
mit den Träumen und Illusionen der Kindheit um. Ob
es sie museal, folkloristisch, ironisch spielerisch
pflegt oder kritisch distanziert bis ablehnend betrachtet – ihre Beurteilung wird immer ambivalent sein.
Der Trost und die Hoffnung auf den jenseitigen Lohn,
welche die Mythen spendeten, gaben ihnen zu ihrer
Zeit ihre Berechtigung; der Preis jedoch, der von den
Gläubigen dafür bezahlt wurde, und die Opfer sollten
nicht vergessen werden.

Die säkulare Aneignung des Gottesmythos, die
Annäherung des Homo sapiens an diesen Urmythos
geht weiter. Es wird eine Frage der selbsterhaltenden
Klugheit sein, ob er in seinem Streben die Balance
zwischen *Emanzipation* und *Selbstrelativierung* be-
herrscht und seine Endlichkeit akzeptiert.[13]

Noch steht er vor dem unvollendeten Projekt seiner eigenen Evolution. Zukünftiges deutet sich an.
Vielleicht trägt die wachsende Virtualisierung des
Lebens zu einer weiteren zivilisatorischen Befriedung
bei. Die zunehmende Vernetzung und Kommunikation könnten zu einer überindividuellen Identität und
dem Bewusstsein gegenseitiger Abhängigkeit führen.
Das könnte das globale Zusammenwachsen begünsti-
gen.

Dennoch, trotz aller schlummernden Potentiale des
Homo sapiens – wir werden uns von der *Utopie des
Unmöglichen* verabschieden und uns auf die Suche

nach der *Meta-Utopie des Bestmöglichen* machen müssen. Die Wissenschaften werden weitere Rätsel lösen und neue Wunder der Technik werden uns begeistern. Neue Rätsel jedoch werden sich auftun und Ohnmacht gegenüber neuen Problemen wird uns die Grenzen aufzeigen. Es wird paradiesische Augenblicke geben, aber keine Paradiese. Sinn wird in vielen menschlichen Erfahrungen aufleuchten, aber kein auf eine andere Welt oder höhere Macht bezogener »letzter Sinn« wird sich uns offenbaren.

Der göttliche Funke der Kreativität, die göttliche Lust des Zuschauens und himmlische Genüsse werden unser Leben bereichern und verzaubern. Aber ebenso werden uns Akte teuflischer Bosheit, willkürliche Zufallsereignisse eines scheinbar diabolischen Chaos und unerträgliches, höllisches Leid treffen.

Die Widersprüche werden wir weder auflösen noch einem Gott oder Teufel zuschreiben können. Das grandiose, schöne und schreckliche Weltenspektakel geht weiter nach den gleichen, ewigen Regeln. Die Menschheit wird selbstverschuldet oder »natürlich« – durch Alterung oder durch einen Zufall, wenn z.B. ein Meteorit auf unserer Erde einschlägt – aussterben; spätestens jedoch, wenn unser Leitstern, die Sonne, verglüht. Auf anderen Planeten werden vielleicht ähnliche oder andere »Menschheiten« entstehen, mit ähnlichen oder anderen Mythen. Wir werden es wohl nie erfahren.

Anmerkung

Die Endnoten beziehen sich auf einzelne Kapitel meines Buchs »Abschied vom Absoluten, *Wider die Einfalt des Denkens*«, erschienen 1990. Darin geht es aus einem thematisch weiter gefassten Blickwinkel um den Entwurf und die Begründung eines realitätsgerechten »polaren Weltbildes«.

---

1 Die Geburt des Absoluten, S. 57 ff.
2 Masse, Mythen und Elite, S. 170 ff.
3 Der süße Duft der Illusion, S. 25 ff.
4 Die zwei Gesichter der Natur, S. 48 ff.
5 Das Kontrastprinzip, S. 87 ff.
6 Der sublogische Zugang, S. 93 ff.
7 Die real existierende Ideologie, S. 79 ff.
8 Die Tugend des Glaubens, S. 20 ff.
9 Eine Frage des Standorts, S. 107 ff.
10 Die beste der Welten, S. 103 ff.
11 Die vielen Wahrheiten, S. 187 ff.
12 Plurale Weltgesellschaft, S. 198 ff.
13 Emanzipation und Relativierung, S. 177 ff.

Vom gleichen Autor erschienen:

Thomas Ebersberg
Abschied vom ABSOLUTEN
Wider die Einfalt des Denkens

****

Thomas Ebersberg
Zarte Stachel – Süße Ohrfeigen
*Ein Kulturstrip
ohne Scham und Traurigkeit*

****

Infos und bibliografische Daten siehe umseitig >

Thomas Ebersberg

Abschied vom
ABSOLUTEN

Wider die Einfalt des Denkens

217 Seiten, geb., 1990, ISBN 978-3-926607-01-0

Der Autor dieses Buchs hat sich nichts Geringeres vorgenommen, als das »Absolute« in Frage zu stellen. Seine provokative These lautet: Die klassischen Weltbilder samt Erlösungsutopien – religiöse, politische und ökonomische – müssen scheitern, weil sie auf einem infantil-monistischen Bewusstsein basieren.

Die Krise der Gegenwart und die sich abzeichnenden politischen, sozialen und ökologischen Katastrophen deutet er als Folgen dieses Bewusstseins. Mit der Idee des Absoluten und dessen geschichtlichen Metamorphosen – vom Monotheismus bis zur Marktideologie – ist es in eine Sackgasse geraten. Einen möglichen Ausweg sieht der Autor in einem »erwachsen werdenden« Bewusstsein, das sich an einem realitätsgerechten »polaren Weltbild« orientiert.

Die philosophisch-weltanschaulichen Gedankengänge werden dem Leser nicht im luftleeren Raum der Abstraktion, sondern anschaulich und in prägnanter Sprache nahe gebracht. Eine Philosophie »zum Anfassen« – in den Thesen provokativ, aber nicht destruktiv; ketzerisch, jedoch ohne Zynismus

Leseproben: www.abschied-vom-absoluten.de

Thomas Ebersberg

Zarte Stachel –
Süße Ohrfeigen

*Ein Kulturstrip
ohne Scham und Traurigkeit*

267 Seiten, kart., 1987, ISBN 978-3-926607-00-3

Der Titel verrät es: Hier werden mit sanft bissiger Ironie »Stachel« ins Fleisch gesetzt, »Ohrfeigen ausgeteilt. Der Autor lädt den Leser zu dem abenteuerlichen Streifzug durch ein »ganz normales Leben« ein. Dabei scheut er nicht vor den prekären Themen zurück, die nur zu gerne unter den Teppich gekehrt werden.

Den gesellschaftlichen Normen, Dogmen und Tabus hat er den Kampf angesagt. Unter dem Mantel des Selbstverständlichen entdeckt er Fragwürdiges und Absurdes. Ob er die »göttliche Lust des Zuschauens« oder das »Abenteuer Konsum«, ob er das heimliche Weltbild der Moderne oder deren Idole entlarvt – immer provoziert der Autor durch seine respektlose Sicht der Dinge.

Das Ganze geschieht nicht düster pessimistisch mit moralisch erhobenem Zeigefinger, sondern ironisch, mit einem Hauch spöttischem Optimismus. Eine brillant geschriebene Analyse unserer Zeit, die Vergnügen bereiten und stutzig machen soll – eben:

»Zarte Stachel – Süße Ohrfeigen«

Leseproben: www.abschied-vom-absoluten.de

****

*»Im Auftrag
Ihrer Majestät,
der Evolution!«*

****